Dieses Buch ist
dir gewidmet
und allen Menschen
und Wesen,
die uns unterstützen,
den Weg des Herzens
zu gehen!

Leopold Zillinger

Schutzengel im Einsatz

SILBERSCHNUR

ISBN 3-89845-105-4

1. Auflage 2005

Cover-Entwurf: Heli Reinisch
Satz: XPresentation, Boppard
Druck: Finidr, s.r.o. Cesky Tesin, Tschech. Rep.

Verlag »Die Silberschnur« GmbH · Steinstraße 1
D-56593 Güllesheim

www.silberschnur.de
e-mail: info@silberschnur.de

INHALTSVERZEICHNIS

Wie alles begann …

Ein Engel auf Mission

Der Himmel erfuhr aus einer erschreckenden Statistik, dass es kaum noch Menschen gibt, die an die Existenz ihres Schutzengels glauben. Das bewirkte, dass viele Engel nicht in der Lage waren, ihre Schützlinge zu unterstützen und sich daher frustriert arbeitslos meldeten.

Die Mitarbeiter der Marketing- und PR-Abteilung erhielten daraufhin den Auftrag (nach einer Blitz- und Donner-Standpauke des alten Herrn), ein einleuchtendes Konzept auszuarbeiten, das dieser Ignoranz entgegenwirkt.

Das gesamte heilige Management befand sich in hellem Aufruhr. Tagelang wurden Sitzungen abgehalten, endlose Diskussionen geführt, sämtliche Heiligen und Scheinheiligen predigten zum Thema, die Propheten hatten es sowieso schon immer vorausgesehen und die Schutzengel selbst drohten mit einem Warnstreik, wenn nicht bald entsprechende Maßnahmen getroffen würden. Die Lage war wirklich brenzlig.

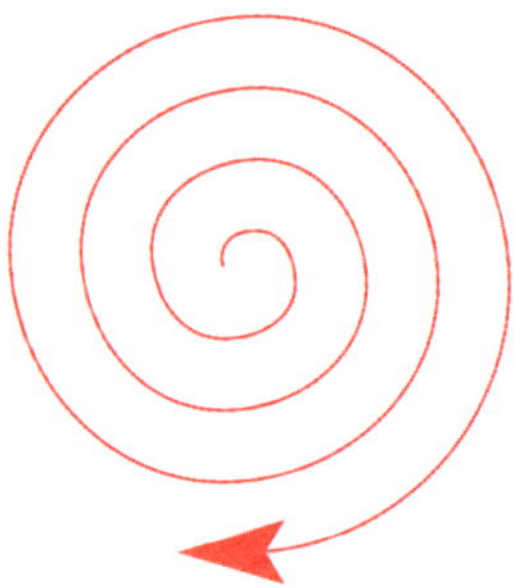

Was tun? Ein Wunder wirken? Falls eines überhaupt ausreicht ... Oder etwa den Sohnemann erneut ins Feuer schicken?

Der alte Herr selbst sprach ein erlösendes Machtwort: »Wunder und Sohnemann kommen nicht in Frage.« Beide Varianten würden es den Menschen viel zu leicht machen. Nein! Der Glaube an den persönlichen Schutzengel müsse aus innerer Überzeugung kommen. Tolles Gebot. Doch, wie bitte soll das funktionieren?

Die gewagte Lösung ist ein erfahrener Streetworker-Engel, der darauf spezialisiert ist, ausschließlich durch provokante Kommunikation entsprechende Denkprozesse einzuleiten. Er bekehrt weniger durch Gebete und Streicheltherapien, sondern mit geradlinigen Standpauken und verbalen Seitenhieben.

Zwar wurde er bereits mehrere Male wegen seiner unkonventionellen Methoden vom Dienst suspendiert – was ihn nie tangierte –, doch als der Himmel in diese Krise gerät, wird er rehabilitiert und auf die heikle Mission zu den Menschen geschickt.

Dem erlauchten Gremium ist durchaus bewusst, dass sein Auftreten dem Papst graue Haare bescheren wird und alle Glaubensspießer Amok laufen werden. Doch, so spricht der Herr:

»Eine
außergewöhnliche Situation
bedarf einer
außergewöhnlichen Lösung!«

Ich begrüße dich!

Vielleicht hast du dir bloß auf die Schnelle dieses Buch besorgt. Mag sein, dass du es als Reiselektüre gekauft hast, mit der naiven Erwartung, während deiner langen Zugfahrt von einer humorvollen Geschichte unterhalten zu werden. Oder du hast es gegriffen, um dem ewig starren Blick in die Flimmerkiste eine willkommene Alternative entgegenzusetzen, was mich persönlich besonders freuen würde.

Herzlich willkommen!

Mag sein, du verwendest dieses Buch hauptsächlich als Schattenspender für dein Gesicht, während der restliche Körper in der Sonne brutzelt, oder jemand hat es dir einfach geschenkt – zum Abschied, weil du Geburtstag hast oder weil du traurig bist und vielleicht auch deshalb, weil du zu den ewigen Nörglern gehörst, niemals bist du mit deinem Leben zufrieden. So gibt es einen liebenden Menschen, der überzeugt ist, dass dir eine Begegnung mit mir helfen könnte.

Doch wie auch immer dieses Buch in deinen Besitz gekommen ist, das ist eigentlich wenig relevant. Wichtig ist, dass du es besitzt und dies ist absolut **kein Zufall** – auch wenn die Umstände dagegen sprechen und du meiner Behauptung keinen Glauben schenkst. Trotzdem ist es so und es ist gut so, denn es ist für viele Menschen von dringlicher Bedeutung, mich und meine Botschaft kennen zu lernen – vor allem meine Botschaft!

Mein Name ist Leopold und ich bin ein Schutzengel!

Doch bevor ich damit an der Wurzel deiner bornierten Ignoranz grabe, möchte ich mich, wie es die Höflichkeit verlangt, zuerst einmal vorstellen:

Mein Name ist Leopold und ich bin ein Schutzengel!

Jawohl, ein Schutzengel! Echt und wahrhaftig! Du darfst dich jetzt bekreuzigen oder unverschämt grinsen.

Jede Reaktion ist mir vorerst recht. Ich weiß doch bestens Bescheid über unser miserables beziehungsweise verklärtes Image. Verklärt, im Sinne jener treuherzigen, gutgläubigen Christen, die uns traditionell mit glitzernden Flügeln, selbstverständlich goldgelockt und Harfe zupfend, auf rosaroten Wölkchen schweben sehen. Und sie behaupten auch Stein und Bein, dass wir zu jeder vollen Stunde ein fröhliches Halleluja schmettern, als wären wir eine Art himmlischer Kuckuck. Gott sei's gedankt, wir haben Wichtigeres zu tun. Vergiss' daher jenes verklärte Erscheinungsbild von uns, das Massen von Großmüttern immer noch – in Öl gemalt – über ihrem Doppelbett hängen haben.

Wir sind keine Fabelwesen!

Andererseits muss ich zugeben: besser ein verkitschtes Image als keines oder eines, das uns Engel in die Welt der Fabelwesen verbannt. Damit hätten wir nur im Fantasiebereich eine Existenzberechtigung, jedoch keinesfalls im realen Alltag, wo die Logik über die Intuition herrscht.

Es gibt uns!

Und für die Mehrheit von euch erscheint es absolut logisch, dass es all die Dinge, welche Augen nicht sehen und Hände nicht greifen können, nicht gibt – auch weil nicht sein kann, was nicht sein darf, wie es dummerweise von gewissen ignoranten Kräften nach so genannten wissenschaftlichen Richtlinien verkauft wird. Dass deine Augen deshalb vieles nicht sehen können, weil du deine Seele mit Blindheit geschlagen hast, steht auf einem anderen Blatt. Jedenfalls behandeln wir bereits intensiv den Inhalt meiner Botschaft, von der eine Überschrift lautet:

**Wahrlich Freund, ich sage dir,
es gibt uns!**

Bewiesen ist damit noch nichts. Unsere Auftritte in der breiten Öffentlichkeit liegen bereits Jahrhunderte zurück und lassen sich wissenschaftlich nicht belegen – auch wenn die Bibel ausführlich darüber berichtet.

Doch es ist eine traurige Tatsache, dass heutzutage jede Schundblattphilosophie mehr Herzen bewegt, als all die Wahrheiten, die der Nazarener einst verkündet hat.

Vereinzelte Berichte, die auch in deiner Generation den Weg in die Medien fanden sowie finden und die von Begegnungen Mensch-Engel zu berichten wissen, die tatsächlich erst kürzlich stattgefunden haben, werden – wenn schon nicht als pure Erfindung entwürdigt – doch nur als so genannte Wunder bezeichnet oder in den Bereich »unerklärliche Phänomene« abgeschoben. Traurig.

Engel sind keine Wunder!

Aber ehrlich: Klingt das, was ich bis jetzt gesagt habe, wirklich so unerklärlich? So phänomenal (einmal davon abgesehen, dass ich bis jetzt noch nicht viel Wesentliches von mir gegeben habe)?

Es ist auch nicht mein Ziel, dir mit umständlichen himmlischen Weisheiten eine Gehirnwäsche zu verpassen – selbst wenn ich wollte, würde das nicht funktionieren. Wobei – zugegeben, manchmal überkommt mich die Versuchung. Warum auch nicht? Diese Methode würde meine Aufgabe erheblich erleichtern, wenn es auch einer Entmündigung deiner Persönlichkeit gleichkäme. Doch da hätte das Göttliche einst gleich willenlose Marionetten züchten können. Hat es aber nicht.

Dein freier Wille ist heilig!

Unantastbar! Auch von mir! Ehrlich! Daher bekräftige ich, was ich gesagt habe: Ich werde dich nicht mit abstrakten Weisheiten foltern, durch die du dich erst jahrelang hindurchmeditieren musst, um sie einigermaßen begreifen zu können. Damit möchte ich die Bedeutung vergeistigter Rückenschmerzen nicht abwerten, unzählige Wege führen ans Ziel – auch still sitzen und an nichts denken. Nur: So viel Zeit haben wir nicht. Meine Botschaft soll dich jetzt erreichen und du sollst sie jetzt verstehen, damit du sie auch weidlich nutzen kannst in all den Jahren, die noch vor dir liegen.

Der freie Wille ist heilig!

Eine Erleuchtung, die dich erst erleuchtet, wenn du im Begriff bist, das Zeitliche zu segnen, hinterlässt möglicherweise Frust und Verbitterung. Obwohl es letztlich für eine Erleuchtung nie zu spät ist, da es nie zu spät sein kann. Egal wofür! – Für deine letzten Zweifel sei festgehalten:

Du hast einen Schutzengel!

Meine Botschaft ist übrigens auch keine Neufassung der »Zehn Gebote«. Sonst hätte ich sie als »Wort zum Sonntag« beworben.

So weit, so gut. Wenn ich dir also keine Weisheiten vermitteln werde, ja was dann? Woraus besteht der Kern meiner Botschaft? Zurück zum Ausgangspunkt: Mein Name ist Leopold und ich bin ein Schutzengel! Jeder Mensch hat einen Schutzengel, also auch du! Punktum. Das ist der Kern, an dem du nagen musst. Von dieser unumstößlichen Tatsache möchte ich dich überzeugen. Denn glaub' mir: Ich möchte nur dein Bestes!

Du hast einen Schutzengel!

Das Beste wäre, du beginnst sofort, an deinen Schutzengel zu glauben!

Dann können wir uns die ganze Predigt sparen und was trinken gehen! Symbolisch zumindest.

Übrigens: Er befindet sich jetzt, in diesem Augenblick, unmittelbar neben dir. Er ist gespannt, wie du dich letztlich entscheiden wirst. Wenn du kurz in dich hineinhörst, kannst du seine Stimme vernehmen oder zumindest ein fürsorgliches, zärtliches Gefühl verspüren. – Spürst du es?

Das Beste wäre, du beginnst sofort, an deinen Schutzengel zu glauben!

Die Thematik, wie du längst begriffen hast, unserer Auseinandersetzung betrifft also deine Ignoranz gegenüber deinem Schutzengel. Weißt du, was ich nicht begreife? Jeder Mensch sehnt sich nach Schutz, Liebe und Geborgenheit. Dafür kämpft, lügt und leidet er. Dafür gibt er Unsummen von Geld aus.

Na schön, es stimmt schon: Das Kämpfen, Lügen und Leiden ist wichtig für die Entwicklung deiner Persönlichkeit – auch Geld zu verjubeln, keine Frage. Aber glaub mir: Nichts und niemand vermag dich so fürsorglich zu beschützen und derart liebevoll in Geborgenheit zu wiegen wie dein Schutzengel!

Nichts und niemand vermag dich so fürsorglich zu beschützen wie dein Schutzengel!

Wenn alles um dich herum ins Chaos stürzt, wenn du nur noch frustriert und deprimiert durch deine Tage wandelst, einsam, enttäuscht, von allen guten Geistern verlassen … Er ist da! Er ist immer da! Und er ist ausschließlich für dich da! Er geht nicht fremd, er ist nicht abgelenkt von anderen Aufgaben, er vertröstet dich nie auf morgen. Seine Handyleitung ist stets frei! Du brauchst nur zu deinem inneren Hörer zu greifen und die Nummer S.O.S. zu wählen. Wenn du das machst, tut er eine ganze Menge für dich. Tatsache! Der springende Punkt dabei ist:

Du musst an ihn glauben! Fest und unerschütterlich! Dein Glaube ist seine Kraft!

Verstehst du das? Leider gesellt sich zu einem »wenn« auch immer das berühmte »aber«, zumindest in diesem Fall trifft dies zu. Von nichts kommt nichts. Das musst du akzeptieren. Was ich meine ist: Du musst schon auch selbst deinen Hintern bewegen! Anders ausgedrückt: Action, bitte! Ich will damit verdeutlichen, dass auch die Art und Weise, wie man an seinen Schutzengel glaubt, von äußerster Wichtigkeit ist. Wenn du dich faul zurücklehnst und den himmlischen Beschützer aufforderst: »Tischlein, deck dich!«, wirst du maximal den Knüppel aus dem Sack ernten.

Dein Glaube ist seine Kraft!

Wir sind keine debilen Geister in der Flasche, die man bloß entkorken muss, um in Milch und Honig baden zu können.

Erst entsprechende Taten deinerseits ergeben entsprechende Unterstützung unsererseits.

Du und dein Schutzengel, ihr seid Partner, ein Team! Gravier' dir das in dein Bewusstsein!

Machen wir einen kleinen Test: Ich stelle dir eine völlig naive Frage und bitte dich um eine spontane Antwort. Also denk nicht nach, sondern sag frei heraus, was dir zuerst durch den Kopf schießt, selbst, wenn es dir dämlich vorkommt. Sobald du grübelst und nach einer klugen Antwort fahndest, verfälschst du deine grundsätzliche Überzeugung und exakt die wollen wir aber finden. Außerdem möchte ich vermeiden, dass du etwas sagst, wovon du glaubst, dass ich es hören möchte. – Wie bitte? Natürlich weiß ich, wann du schwindelst. Es geht aber nicht darum, ob ich dich beim Lügen ertappe. Ich fungiere nicht als Detektor.

Du und dein Schutzengel, ihr seid ein Team!

Mir liegt am Herzen, dass du dich selbst ein wenig besser kennen lernst und derartige psychologische Tricks helfen dabei.

Hier also meine naive Frage: Was glaubst du, warum möchte dir dein Schutzengel unbedingt helfen? Aha. Um aus dir einen besseren Menschen zu machen. Ehrlich? Das glaubst du? Damit sagst du aber, dass du ein schlechter Mensch bist. – Nein? Na, was jetzt? Ach so, du meinst, er ist dazu da, um dich zu beschützen! Gut. Wovor denn? Vor herabfallenden Ziegelsteinen? Vor einer bösen Schwiegermutter? Vor Karies und Senkfuß? Vor Pleiten, Pech und Pannen ganz allgemein? Das ist zu meiner naiven Frage eine sehr naive Sichtweise – und trotzdem hast du natürlich recht. Schützen bedeutet vor Schaden bewahren und das kann sehr wohl auch bedeuten, dein edles Haupt vor einem hinterhältigen Dachziegel zu retten. Das ist die plakative Variante.

Du kannst alle deine Träume verwirklichen!

Doch ich schwöre dir: »Beschützen« bedeutet weit mehr. Es bedeutet, dir bei der Suche nach deiner Bestimmung behilflich zu sein – damit du irgendwann in der Lage bist, deine Träume zu verwirklichen. Klingt das nicht verlockend? Und wenn ich behaupte, dass du grundsätzlich in der Lage bist, alle deine Träume zu verwirklichen, dann rede ich nicht von bescheidenen Kleinigkeiten, wie krämerisches Sparen auf ein neues Sofa oder einem Trip in die Dominikanische Republik! Ich rede von Kühnheit und dem Mut, die Welt zu erobern! Nicht nur bildlich gesprochen!

Habe den Mut, die Welt zu erobern!

Ja, ja, denkt nur, dass ich verrückt bin. Ist mir schnurz! Lass' dir gesagt sein: Dein Un-Glaube an deinen Schutzengel ist gleichzeitig auch deine Ignoranz bezüglich deiner eigenen Fähigkeiten! Vor allem gegenüber jenen Fähigkeiten, von denen du überzeugt bist, dass du sie nicht hast. Aber um kein Missverständnis heraufzubeschwören: Dein Schutzengel ist nicht dazu da, um dir die Verantwortung für dein Leben aus der Hand zu nehmen. Ich habe ja bereits eindeutig darauf hingewiesen, dass der freie Wille heilig ist und wichtig, damit du in der Lage bist, deine eigenen Entscheidungen zu treffen. Du sollst über die eigenen Lernschritte stolpern können, ohne dich ausgeliefert oder bevormundet zu fühlen.

Du bist nur dir selbst ausgeliefert!

Das hast du leider noch nicht begriffen. Deshalb haderst du in Bedrängnis auch regelmäßig mit dem Schicksal. Immer, zumindest sehr oft, wenn ein Mensch sich in eine verzwickte Situation manövriert hat, aus der er keinen Ausweg mehr findet, und Dinge passieren, deren Hintergründe er nicht versteht, weil er sie nicht erkennt, oder ihm scheinbares Unrecht widerfährt, immer dann muss das Schicksal als Sündenbock dafür herhalten!

Du bist nur dir selbst ausgeliefert!

Nur, bitte, ich kann und will dir den Schock nicht ersparen, selbst auf die Gefahr hin, dein Weltbild mit einem mittleren Erdbeben zu erschüttern, aber Fakt ist:

So etwas wie **Schicksal existiert nicht!** Bestimmung ja, aber Schicksal? Was soll das sein, das Schicksal? Deines, meines, unseres – ein Glücksrad launischer Götter, die gelangweilt daran drehen, um per Zufall zu bestimmen, welches Ereignis dir oder irgendwem widerfahren soll? – Entschuldige, das ist Schwachsinn!

Um deinen Schock zu stabilisieren und weil ich gerade so schön in Fahrt bin, will ich dir gleich noch etwas verraten: **Es gibt auch keinen Zufall**! Nein, mein Herr, tut mir Leid, meine Dame: Zufall wie Schicksal, beides sind geniale Kompensationsmittel, die missbraucht werden, um unverhofftes Geschick oder Ungeschick zwei fiktiven Gebilden zuschieben zu können. Anders gesagt, um es doppelt zu verdeutlichen: Stets, wenn etwas passiert, wofür du nicht bereit bist, die Verantwortung zu übernehmen, und sich weder Feind noch Freund als Schuldige anbieten, schiebst du alles auf den Zufall oder das böse Schicksal.

Es gibt weder Schicksal noch Zufall!

Nur mal angenommen: Wenn es den Zufall und das ach so mystische Schicksal geben würde, dann würden diese Phänomene massiv den freien Willen beeinflussen! Und ich habe doch schon gepredigt, dass das nicht sein kann.

Seufz.

Es gibt so vieles, das du verändern würdest!

Weißt du, es fällt mir schwer, nein, es quält mich, beobachten zu müssen, wie du dein Leben lebst, ohne dabei auch nur zu erahnen, welche Möglichkeiten in dir stecken, wie unendlich viel Potenzial in dir schlummert und wie viele hilfreiche Dinge du ablehnst. Du mauerst sich lieber ein und schützt dich mit Vorurteilen, damit die kleine heile Welt bloß keinen Kratzer abbekommt. Du hast einfach Angst vor Veränderungen. Dabei gibt es so vieles, das du gerne verändern würdest, oder nicht?

Angst ist die Fessel deiner Gesellschaft. Das gesamte Weltsystem ist darauf aufgebaut. Es ist deine Angst, die anderen Menschen Macht gibt, über dich zu entscheiden. Kennst du den berühmten Spruch:

**Entweder du lebst dein Leben,
oder das Leben lebt dich!**

Das zu begreifen ist äußerst wichtig, denn Angst macht unfrei! Wo die Angst endet, beginnt die Freiheit!

Ich weiß natürlich, dass es sehr schwer ist, sich von Glaubensmustern wie »Zufall« und »Schicksal« zu verabschieden, wenn man in einer Realitätsform lebt, wie du es tust. Denn die Konsequenz daraus ist eindeutig: Man ist für sein Leben ausschließlich selbst verantwortlich. Alles, was dir ein Lächeln ins Gesicht zaubert beziehungsweise bittere Tränen, alle fröhlichen Herzrhythmusstörungen und sonstigen Gefühlsaufwallungen, Wünsche, die Träume bleiben, Enttäuschungen,

Wo die Angst endet, beginnt die Freiheit!

die sich in die Seele graben – die Wurzel der Ursache liegt bei dir selbst. Denn es ist ein unumstößliches Naturgesetz:

Das, was du ausstrahlst, das ziehst du auch an!

Oder ganz klar auf einen Nenner gebracht:

Du erschaffst dir selbst deine eigene Realität!

Na, wie denn, was denn? Also Moment, Moment, schön langsam, noch einmal zum Mitschreiben: Jeder Mensch erschafft sich seine eigene Realität? Immer und überall, in jeder Sekunde? Morgens, mittags, abends und selbst nachts? Das würde ja heißen ... Würg, schluck, stöhn – genau das heißt es! Wozu sonst sollte das Gesetz von Ausstrahlung und Anziehung, also das Gesetz von Ursache und Wirkung sonst nützlich sein? Was du verursachst, erzeugt Wirkung. Logisch, oder? In jeder Hinsicht. Da eröffnen sich ungeahnte Dimensionen!

Das, was du ausstrahlst, das ziehst du auch an!

Keine Sorge, ich lass' dich mit dieser Einsicht, falls es bereits eine solche ist, nicht alleine. Willst du kurz unterbrechen und dir ein Stärkungsmittel holen? Ein Stück Schokolade vernaschen oder eine starke Tasse Kaffee inhalieren? Zwei, drei Zigaretten paffen? Vielleicht etwas gegen die Wand schmeißen? Deinen oder einen Therapeuten anrufen? Genier' dich nicht. Ich warte gerne. –

Ich erwarte von dir keinen blinden Glauben!

Geht's wieder? Schön. Ich erwarte von dir keinen blinden Glauben. Im Gegenteil. Ich erwarte, dass du kritisch bist. Skeptisch! Widerspenstig! Schenk' mir nur die faire Chance, dir das, was ich behaupte, auch zu beweisen. Wenn wir gemeinsam behutsam Schritt für Schritt verschiedenste Situationen durchdenken, wirst du das System, nach dem sich das Dasein und die gesamte Schöpfung ausrichtet, durchschauen. Am Ende wirst du lachend erkennen:

Du bist ein wunderbares Wesen
in einer wunderbaren Welt,
das ein Abenteuer voller Wunder erlebt
- begleitet und geführt!

Jetzt
wird es
unglaublich
spannend!

Das Abenteuer beginnt

Na dann, du wunderbares Wesen, lass' uns mit dem Abenteuer beginnen. Es wäre sinnvoll, wenn du dir dazu eine beschauliche Atmosphäre schaffst, in der deine Aufmerksamkeit konzentriert bei mir bleibt. Ich plädiere zwar weder auf Kerzenlicht noch auf Räucherstäbchen, schließlich könnte gerade ein sonniger Tag seine fröhlichen Launen versprühen und dann wäre es sicherlich schöner in einer blühenden Wiese an der frischen Luft zu sitzen, angelehnt an einen mächtigen Baum. Wenn aber gerade tiefster Winter herrscht oder …

Ach was, ich denke, du weißt, was ich meine. Mach es dir einfach gemütlich. Bist du so weit? Bestens.

Woher stammen deine Glaubens- und Verhaltensmuster?

Beginnen wir ein wenig philosophisch:

- **Hast du jemals ernsthaft hinterfragt, warum du eigentlich so denkst wie du denkst?**
- **Warum vertrittst du ausgerechnet diese moralischen Grundsätze und keine anderen?**
- **Weshalb entsprechen für dich gewisse Behauptungen wie selbstverständlich der Wahrheit und andere nicht, obwohl du beide nicht überprüft hast?**

Woher stammen denn deine Glaubenssätze und Verhaltensmuster? Aus den Erfahrungen, die du mühsam gesammelt hast? OK. Stimmt, nichts dagegen zu sagen, denn Erfahrungen besitzen einen prägenden Stellenwert. Wie kommt es aber, dass verschiedene Menschen aus denselben

Erfahrungen unterschiedliche Konsequenzen ziehen (und da beziehe ich mich lediglich auf die ausgesprochenen Pessimisten und Optimisten)? Warum bringt ein Vorfall deinen Blutdruck in Wallung, während ein anderer Betroffener dabei gähnt und gelassen bleibt?

Simples Resümee: Die Menschen sind nun mal verschieden. Keine Persönlichkeit gleicht der anderen und daher reagieren sie auch unterschiedlich. Klingt plausibel. Diese Erklärung ist, ein Punkt für dich, nicht von der Hand zu weisen.

Alle Menschen sind verschieden!

Aber ist sie befriedigend? Du nickst? Na schön, akzeptiert. Mich befriedigt sie allerdings nicht. Das war dir schon klar, nehme ich an. Obwohl: Ich meine, oberflächlich betrachtet, könnte ich damit leben – allerdings auch nur so. Doch, mal ehrlich, ich würde kaum so lange herumplänkeln, wenn ich dich nicht zu einer bestimmten Überlegung führen wollte, die du gar nicht anstellen kannst, weil dir dafür vielleicht ein bestimmtes psychologisches Grundwissen fehlt. Was keine Schande ist, deswegen reden wir ja miteinander, damit ihr euch endlich anfreundet: du und das Grundwissen. Ich führe dich also jetzt zurück zu den Wurzeln deiner Realität – zu dem erhabenen Augenblick deiner Geburt.

Ich führe dich zurück zu den Wurzeln deiner Realität, zu dem erhabenen Augenblick deiner Geburt …

Wenn wir jegliche spirituelle, jede religiöse Philosophie außer Acht lassen – und das tun wir jetzt mutig –, dann bleiben nüchterne, psychologische Fakten übrig. Sprich – und nüchterner geht es nun wirklich nicht mehr –: In dem Augenblick, in dem du aus der Geborgenheit des mütterlichen Schoßes in diese Welt geglitten bist, warst du, bildlich gesprochen, nicht mehr als ein dickes Buch mit leeren Blättern, mit vielen weißen, unbeschriebenen Seiten. Auf dem Umschlag strahlte zwar bereits dein Name, aber das war auch schon alles. Du warst in jeder Hinsicht, im Gegensatz zu heute, noch völlig unschuldig. Jungfräu-männlich.

Einsichtig, oder? Wir verstehen uns. Kaum angekommen, gerade einige Minuten jung, gierig nach Luft schnappend und konditionell am Ende von der Reise durch den Geburtskanal – da bereits von einer Persönlichkeit, von einem Bewusstsein reden?

Vergiss es! Wenn etwas funktioniert hat, dann die reinen Urinstinkte. Selbst Jesus erblickte nicht mit einem Segensspruch auf den Lippen das Irdische, sondern verspürte bloß Hunger nach der Mutterbrust und das aus reinem Überlebenstrieb.

»Und, was bitte, ist mit den Erbanlagen?«, fragst du. – Was soll damit sein? Die machen sich erst später wichtig. In meiner Erläuterung spielen sie keine tragende Rolle. Bleiben wir bei dem Buch-Beispiel. Ihr seid also noch nicht geschrieben und ob du ein literarischer Bestseller wirst, ein ödes Fachbuch, eine spannende Abenteuergeschichte

Ob du ein literarischer Bestseller wirst, ein ödes Fachbuch, eine spannende Abenteuergeschichte oder eine Neufassung von Don Juan – das steht in den Sternen!

oder eine Neufassung von Don Juan, das steht in den Sternen. Du weißt noch nicht, dass dir von Spinat furchtbar übel wird, dass es nervt, die Kleider der älteren Geschwister auftragen zu müssen, dass du dich, zumindest anfänglich, weigern wirst zu küssen, weil sich das Unterbewusstsein jedes Mal an die eklige Abknutscherei von Tante »Sowieso« erinnert.

Darüber und über alles andere, was du lieben, vergöttern oder verdammen wirst, stehen noch keine Geschichten in diesem Buch – weil du sie noch nicht erlebt hast. Ergo: Wenn du sie noch nicht erlebt habt, kannst du auch noch keine Erfahrungen gesammelt haben. Insofern bist du völlig planlos, wie du dich verhalten sollst, wenn plötzlich ein Erlebnis auf dich einstürzt! Eigentlich bist du den Eindrücken, mit denen dich die Umwelt von nun an pausenlos überschüttet, völlig hilflos ausgeliefert! Ein Trauma!

Du bist den Eindrücken, mit denen dich die Umwelt von nun an pausenlos überschüttet, völlig hilflos ausgeliefert!

Denn jeder Mensch beginnt sich nun wie selbstverständlich auf deinen Seiten zu verewigen. Angefangen von der Geburtshelferin über die besorgten Eltern, die lästigen Geschwister, die lustigen und komischen Verwandten, die nette Regalschlichterin im Supermarkt, die gepircte Babysitterin, später die Lehrer in der Schule ... Die Liste ließe sich endlos fortsetzen. Und all diese Eintragungen sind natürlich mit diversen Erlebnissen verbunden. Es wäre zum Wahnsinnigwerden – gäbe es da nicht, ja gäbe es da nicht das bereits kurz erwähnte göttliche Unterbewusstsein in deinem überforderten Gehirn! Ich bezeichne es deshalb als »göttlich«, weil das Unterbewusstsein eine unglaublich geniale Einrichtung von Mutter Natur ist.

Ohne das Unterbewusstsein könnte ein Mensch die ersten paar Lebensjahre gar nicht überleben!

Ohne diesen Freund könnte ein Mensch die ersten paar Lebensjahre nicht überleben – oder höchstens, wie bereits angedeutet, völlig irre! Was aber ist an diesem Unterbewusstsein so göttlich und genial? Es lässt uns scheinbar vergessen. Und das soll genial sein? Und ob. Wir vergessen ja nicht alles, sonst könnten wir uns an überhaupt nichts mehr erinnern. Sprich: Wir würden an Alzheimer leiden. Nein, nein, ich spreche von produktiver Verdrängung. Das hörst du zum ersten Mal? Wie so vieles. OK, das war keck, entschuldige. Jedenfalls: Produktives Verdrängen bedeutet nichts anderes als perfektes Selektieren – und ich sehe, jetzt habe ich dich endgültig verwirrt, aber das gibt sich gleich. Ich schildere dir ein eindeutiges Beispiel:

Warum magst du eigentlich keinen Spinat?

Nehmen wir an, du bist Mitte dreißig und es ekelte dich schon immer vor Spinat. Du kannst dir einfach nicht erklären, woher jedes Mal der Brechreiz kommt, wenn dir dieses grüne Gemüse liebevoll gekocht vorgesetzt wird. Das ist nämlich so eine komische Sache: Im Rohzu-stand lässt er dich völlig kalt! Das Spinatl. Keinerlei Gefühlsregung. Ebenso die gestapelten Packungen im Tiefkühlregal – auch dieser Anblick treibt dir im Vorbeigehen nicht den Schweiß aus den Poren. Es passiert nur im gekochten Zustand ...

Angeborene Abneigung fällt aus. Du leidest nicht an einem Antispinatgen (kicher), nö! Die Lösung liegt im Erlebten: Mit Rohspinat hattest du nie eine albtraumhafte Begegnung und daher die Wurschtigkeit. Aber, wie gesagt, gekocht ... würg! Hier versteckt sich das Trauma!

Folgendes hat sich zugetragen: Irgendwann, so im Alter zwischen drei und vier Jahren, wurdest du von deiner Mutter mit Spinat gefüttert. Nicht zum ersten Mal und bis dato hat dir das Zeug relativ gut gemundet. Doch an diesem Tag wurde das Mittagessen zu einem schicksalhaften Desaster! Der Appetit war nicht sehr groß, eigentlich wärst du nach fünf Löffeln restlos satt gewesen und du hattest auch versucht, das mit allen Möglichkeiten kundzutun. Nur Mutter ließ nicht locker – in bester Absicht, versteht sich. Den Spruch »Du musst groß und stark werden« kennen Kinder zur Genüge.

Alle Kinder müssen groß und stark werden!

Der dritte Löffel rutschte noch problemlos hinunter, beim vierten erfolgte bereits Protest durch Spucken und man steigerte sich in Gebrüll!

Was für deine Mutter eine ganz normale erzieherische Maßnahme war, kann für dich der blanke Horror gewesen sein!

Aber es nützte alles nichts: Der Teller Spinat musste aufgegessen werden. Für Mutter war dieser Vorfall eine ganz normale erzieherische Maßnahme – für dich jedoch: der blanke Horror! Und das, tatarata, rief das Unterbewusstsein auf den Plan!

Ganz aufgeregt blies es in größter Besorgnis zur Gegenattacke. Was tat es, oder besser, was bewirkte es? Nun: Die oberste Prämisse lautete, dich vor der Wiederholung einer solchen Situation zu schützen. Akutdiagnose: Es muss alles getan werden, damit du nie wieder Spinat essen musst! Daher eindeutiger Befehl an den Körper: Schnuppert der Geruchssinn Spinat, erzeugt die Haut in Windeseile am ganzen Körper gefährlich aussehende

Das Unterbewusstsein und die Psyche sind zwei ausgefuchste Strategen!

rote Pünktchen. Nützt das nichts und dringt der Feind in den Geschmacksbereich vor, verschärft sich die körperliche Reaktion mit Schüttelfrost und Fieberanfällen. Wenn von dem grässlichen Zeug trotz aller Maßnahmen doch noch etwas in den Magen gelangt, zeigt der Organismus überhaupt keine Beherrschung mehr! Was folgt ist bombastischer Durchfall, Bauchkrämpfe, Erbrechen, etc, etc.

Das Unterbewusstsein, in Zusammenarbeit mit dem Körper leistet ganze Arbeit! Mit dem Ergebnis: Mutter wird dir nie wieder Spinat vorsetzen. Aber das Spinatabwehrsystem zieht noch weit reichendere Kreise, denn schließlich gibt es auch noch die Psyche, die sich nach außen artikulieren muss. Ein weiterer Freund, mit dem das Unterbewusstsein zusammen arbeitet, um deine Ablehnung erkennbar zu machen. Der Dialog zwischen dem Unterbewusstsein und dem Bewusstsein könnte wie folgt lauten:

So entstehen Verhaltensmuster!

„Hör zu, mein Freund, wir müssen etwas aushecken, damit der arme Kleine von seiner Mutter nicht mehr mit Spinat zwangsgefüttert wird! Der

Körper weiß schon Bescheid, der legt sich zum Sterben, wenn das Zeug auftaucht. Doch wir brauchen zusätzliche Unterstützung von deiner Seite. Wir stellen uns zum Beispiel vor, dass der Hosenmatz beim Anblick des Gemüses unausstehlich wird und dass er sich im Supermarkt strampelnd auf den Boden wirft, wenn die Mutter nach dem Gemüse greift. Damit zieht er die Aufmerksamkeit der umstehenden Menschen auf sich, was der Dame höchstwahrscheinlich peinlich ist. Ein Benehmen dieser Art wäre sehr nützlich! Überhaupt können wir dieses Verhalten auf alle Situationen ausdehnen, die mit Überfütterung zu tun haben. Voran ging zwar Spinat, doch es könnte ja sein, dass die Mutter dieselbe Geschichte mit etwas anderem probiert! Ausnahmen machen wir nur bei Süßigkeiten, schließlich brauchen wir ein schmackhaftes Kompensationsmittel gegen den Frust.«

Es wird Zeit,
dein wahres
ICH zu leben!

Tja, dieser Vortrag beeindruckt das Bewusstsein natürlich ungemein und es erkennt den Ernst der Lage. Und ehe du dich versiehst, legst du genau jene Verhaltensmuster an den Tag, die diese Brüder ausgeheckt haben. Anfänglich tust du das noch mit der intensiven Erinnerung an das furchtbare Erlebnis für deine Geschmacksnerven, doch auch nur mit einer Dosis, die deine Psyche locker verarbeiten kann. Der Rest wird verdrängt und irgendwann, bevor dich diese Erinnerung eben in den Wahnsinn treibt, hast du sie völlig vergessen. Verdrängt. Das Bewusstsein übergibt sie an das Unterbewusstsein und dort wird sie in ein tiefes, finsteres Verlies gesperrt, wo sie nie wieder herauskommen wird.

Eigentlich sind deine Verhaltensmuster künstliche Verhaltensmuster.

Was an der Oberfläche bleibt, ist das Verhaltensmuster! Irgendwann, Jahre später, wenn du deinen Speiseplan längst eigenständig bestimmen kannst, wirst du auf Grund der damaligen Geschichte, von der du inzwischen nicht mehr den blassesten Schimmer hast, immer noch auf Spinat verzichten und du wirst ebenfalls darauf achten, dich nicht zu überessen. Trotzdem (hi, hi) könnte es sein, dass du furchtbar dick bist, weil du ja als Ausgleich unglaubliche Mengen Süßigkeiten genascht hast!

Jetzt sind wir hoffentlich bei der Stelle angelangt, an der du verstehst, wie sich Verhaltensmuster prinzipiell entwickeln. Eigentlich sind es künstliche Verhaltensmuster. »Künstlich« deshalb, da sie nicht deinem Grundwesen entsprechen! Dieses Verhalten bist nicht du, sondern es wurde dir wiederum durch das Verhalten der Mutter aufgezwungen! Du hattest gar keine andere Wahl, als so zu reagieren, wie du reagiert hast! Das Dumme daran ist nur, dass man als Erwachsener denkt, man ist so. Man besitzt eben diese oder jene Eigenart! Ja, ja, man besitzt sie! Aber wenn du weißt, weshalb du sie hast, wenn du das System durchschaust, kannst du das Programm jederzeit löschen und durch geeignetere Muster ersetzen – oder endlich dein wahres **ICH** leben!

Es stecken alle Veranlagungen in dir!

Damals, als Knirps war die Abneigung gegen Spinat äußerst wichtig. Doch heute, wo du über dich selbst bestimmst, ist der Umgang damit völlig überholt und eigentlich ist es schade, keinen Spinat zu essen, denn er ist wirklich sehr gesund und gut. Und so ist vieles, was die Persönlichkeit ausmacht, ein anerzogenes Programm!

Kein Mensch kommt schüchtern, untalentiert, stotternd, übergewichtig oder magersüchtig, als Einzelgänger oder als cooler Typ zur Welt (stimmt schon, für einige Dinge hat man ausgeprägtere Veranlagungen, für andere weniger, aber das braucht dich jetzt nicht zu beunruhigen). Im Grunde stecken **ALLE** Veranlagungen in dir und es ist nur die Frage, wie ihr – deine Eltern, deine Umwelt und in Folge du selbst – damit umgegangen seid und umgeht.

Vermeide Schuldzuweisungen!

Niemand wollte dich bewusst verletzen!

Völlig plakativ formuliert stellt sich die Situation oft so dar, dass ein junger Mensch mit stolzen achtzehn Lebensjahren überzeugt ist, endlich erwachsen und damit er selbst zu sein! **Welch ein Irrtum!** Genau in diesem Moment befindet er sich am weitesten von sich entfernt! Na ja, ziemlich zumindest, denn er ist ein Buch, voll geschrieben mit fremden Geschichten. Die gesamte Gesellschaft in ihrer bunten Vielfalt hat sich auf seinen Seiten verewigt!

Sie haben euch ihre Version von Gut und Böse vermittelt, ihren Gott und ihren Glauben eingepflanzt! Du predigst ihre politischen Ansichten und du trägst ihre Markenjeans. Sie lehrten dich, ihr Idealbild von Frau oder Mann zu akzeptieren und vor allem brachten sie dir bei, **WIE** du als solche/solcher zu funktionieren hast! Du bist ein Vollzugsorgan ihrer Ansicht von Recht und Ordnung, ihrer sozialen Struktur – kurzum: Du bist ein Atlas ihres Weltbildes und prächtig angepasst.

So entstehen, um es ein letztes Mal zu verdeutlichen, Verhaltens- und Glaubensmuster.

Natürlich habe ich jetzt absichtlich ein ziemlich düsteres und radikales Bild gemalt und du blickst etwas ratlos auf meine Worte. Vielleicht sind mit diesen Beschreibungen auch Gefühle von Wut und Enttäuschung hochgekommen. In vielen Fällen, wenn diese Zusammenhänge bewusst werden, passieren plötzlich Schuldzuweisungen, vor allem an die Eltern. Das ist zwar verständlich, aber nicht sinnvoll und vor allem löst es deine Probleme nicht. Gestehe deiner Umwelt zu, dass sie im besten Glauben, nach bestem Wissen und Gewissen gehandelt hat. Niemand wollte dich bewusst verletzen und bewusst in die Irre führen. **Sie wussten es nicht besser!**

Du aber hast jetzt die Chance,
dich entsprechend zu verändern -
und dir gut zu überlegen, wie du
deine Kinder begleitest!

Später werden wir uns in einem eigenen Kapitel darüber unterhalten, wie man seinen Mustern auf die Spur kommen und vor allem, wie man sie verändern kann. Natürlich, sonst wäre die ganze Aufklärungsarbeit relativ witzlos. Ich meine, ich kann nicht dein Weltbild zerpflücken und dich dann im kalten Regen stehen lassen, d.h. können würde ich es schon. – Aber sinnvoll und fair wäre es nicht.

Was macht eine tolle Persönlichkeit aus?

Wenn deine Verhaltens- und Glaubensmuster also »künstlicher« oder manipulativer Natur sind, wie sollte es dann möglich sein, in einer Realität zu leben, die du dir ersehnst? Ich erinnere: **Du erlebst und erzeugst deine Realität auf Grund deiner Muster.** Es ist ein verhängnisvoller Kreislauf, in dem du dich befindest. Auf Grund deiner Überzeugungen bewegst du dich in dieser Welt, und weil du sie nach außen strahlst und dich entsprechend verhältst, reagiert auch dein Umfeld adäquat auf dich und all das zusammen ergibt eben den Status deiner Realität. Schön langsam bekommst du stetig einen besseren Durchblick, habe ich Recht?

Wie funktioniert nun deine Ausstrahlung?

Der Mechanismus, nach dem deine Ausstrahlung funktioniert, ist dir noch nicht ganz geheuer, stimmt's? Du fragst dich: Wie soll das funktionieren? Was passiert da? Alles keine Hexerei, glaub mir. Übrigens, gleich vorweg, hast du nicht selbst schon oft von jemandem behauptet, dass er eine tolle Ausstrahlung besitzt? Aha! Beginnt da etwa ein Lämpchen zu leuchten? Ist das jetzt nur so eine typische Redewendung, oder spürst du da tatsächlich etwas? Du spürst tatsächlich etwas. Und was, bitte? Die Persönlichkeit (jetzt brennt das Lämpchen gleich durch!)? Was macht denn eine Persönlichkeit aus? Die Art, wie man sich gibt, wie man spricht, der Charme, das Lächeln, die Körperhaltung, die geputzten Schuhe, das freche Tattoo am Popo, die Wahl der Kleidung ...? – Bingo! Vor allem, da kommen wir nicht daran vorbei, und zum hundertsten Male: Die Denk- und Glaubensmuster prägen einen Menschen. Anders gesagt: **die innere Einstellung**. So ist es.

Das Leben wird dir stets einen Spiegel vorhalten, in dem du dich erkennen kannst!

Worauf lässt denn das charmante Lächeln des Typen, sein gepflegtes Äußeres, seine erhabene Körperhaltung, der klare, offene Blick schließen? Was spürst du denn da? Etwa ein ausgeprägtes Selbstbewusstsein, pure Lebensfreude, die Lässigkeit einer Siegermentalität oder die Gewissheit, ihm kann keine Frau widerstehen? – OK, wir wollen nicht gleich übertreiben. Jedenfalls verbreitet er den Eindruck, als könnte er mit links die Welt erobern. **Er hat den Dingen gegenüber eine positive Einstellung! Darauf kommt es an!**

Ohne Selbstbewusstsein bist du bewusstlos!

Mit Angst vor der Führerscheinprüfung wirst du dich kaum locker hinters Steuer setzen! Wenn du überzeugt bist, ein Mauerblümchen zu sein, werden die Prinzen ewig an dir vorbeireiten! Mit der Einstellung, die Dummheit gepachtet zu haben, bleibt dir jede Karriere versagt! Also: Wenn du dich zu den ewigen Verlierern zählst, bleibst du auch ewig auf verlorenem Posten!

Das Leben wird dir deine Überzeugungen immer bestätigen! Es wird dir stets einen Spiegel vorhalten, in dem du dich selbst erkennst – sofern du dich erkennen willst! Ein ängstlicher Mensch spaziert nicht aufrecht! Er wird seinen Blick häufig auf den Boden richten. Und kennst du ein hässliches Entlein, das sich erotisch kleidet? Von wegen, die meisten tragen Knöpfe bis zum Kehlkopf. Oh, du holde Weiblichkeit!

Und wie steht es mit der Spezies »mangelndes Selbstbewusstsein«? Die ist auch nicht viel besser dran, denn ohne Selbstbewusstsein bist du einfach bewusstlos. Na ja, und dass Schüchternheit einsam macht, ist ebenfalls keine neue Erkenntnis. Selbst zwei Schüchterne, die zusammentreffen, werden sich auch eher anschweigen, als sich aufeinander einzulassen. Die Blume der Verhinderungen sprießt in sämtlichen Farben – und in vielen Herzen!

Es wird höchste Zeit für dich aufzuwachen!

Wenn du »ja« sagst, obwohl du »nein« meinst, oder lieber schweigst, statt endlich deinen Standpunkt zu vertreten, wenn du auf alles und jeden Rücksicht nimmst, außer auf dich selbst, wenn du deine Bedürfnisse den Bedürfnissen der anderen unterordnest, weil du denkst entsprechen zu müssen, wenn du Meister im Verzichten bist und jeden Ärger hinunterschluckst, statt endlich einmal aus voller Kehle zu schreien ... Wenn du das alles bereits seit Jahren lebst, hegst und erträgst, mein Lieber, meine Liebe, dann wird es höchste Zeit aufzuwachen! Dann ist dein Gefühl der Zufriedenheit, das du vielleicht trotzdem hast, deine Bescheidenheit und Rücksichtnahme, reinster Selbstbetrug. Dann steht deinem Schutzengel Schwerstarbeit bevor!

Schenke der Welt ein Lächeln, und die Welt lächelt zurück!

Lass' jetzt ja nicht schlapp die Schultern hängen und behaupte, die Welt sei nun mal so. Dieses Klischee ist abgedroschener als alle Klischees, die ich bisher benutzt habe! Für **DICH** ist sie so!

Aber die Welt ist auch ganz anders! Im Prinzip ist sie weder gut noch schlecht. Sie ist beides, mit vielen Facetten dazwischen. Sie ist verrückt und steckt voller Forschungsdrang, sie ist grausam und gottesfürchtig, zerstörend und beschützend zugleich. Sie ist eingebildet, unglaublich überheblich, manipulierend und unmenschlich und verteidigt doch fanatisch die Menschenrechte! Sie bekriegt und befriedet sich. Sie predigt hunderte von Religionen! Sie kennt krankhaften Neid und bodenlosen Hass, vergöttert aber auch leidenschaftlich die Liebe! Sie weint herzzerreißend und lacht überschwänglich im selben Augenblick. Sie beherrscht dich oder lässt sich beherrschen. Sie schenkt dir jede Möglichkeit, dich frei zu entfalten. Du kannst sie entdecken oder dich anpassen. Du kannst dich in der Masse der Allgemeinheit der Bedeutungslosigkeit hingeben, oder dich voller Freude von ihr abheben.

Du bist die Welt und umgekehrt! Aber wie du sie erlebst, kommt einzig und allein auf dich an!

Du bist die Welt und umgekehrt!

Entschuldige. In einem Anfall von Schwärmerei bin ich etwas vom Thema abgekommen. – Doch, bin ich das wirklich? Irgendwie spielt das alles ineinander. Ich meine, zum Kuckuck, es ist so simpel! Wenn du heute zu einem Vorstellungsgespräch gehst, um dich für einen Job zu bewerben, doch schon auf dem Weg dorthin zittern dir die Knie und du würdest am liebsten wieder umdrehen, weil du überzeugt bist, chancenlos zu sein, da es mit Sicherheit Dutzende geeignetere Bewerber gibt, was glaubst du welchen ersten Eindruck der Personalchef von dir gewinnt?

Noch bevor auch nur ein Pieps von dir kommt, weiß er was los ist. Ich garantiere dir: Er spürt deine Unsicherheit!

Alles greift ineinander und beeinflusst sich gegenseitig!

Du strahlst sie aus!

Gnadenlos! Dementsprechend wird seine Reaktion ausfallen. Begreifst du jetzt das Gesetz von Ursache und Wirkung, meine Behauptung, dass du das, was du ausstrahlst, anziehst? Beobachte doch einmal **DEINE** Reaktionen auf die Verhaltensmuster der anderen. Sind sie nicht auch davon abhängig, ob dir jemand freundlich oder mürrisch begegnet, respektvoll oder herablassend, fordernd, gefühllos oder liebevoll, begehrend oder ignorierend? Na bitte. So gesehen ist das Verhalten der anderen die Ursache, die deine Wirkung bestimmt und umgekehrt.

Alles greift ineinander und beeinflusst sich gegenseitig.

An diesem Grad deiner Erkenntnisse möchte ich die bisherigen Ausführungen zusammenfassen, um dir einen Überblick zu verschaffen.

REKAPITULATION:

ERSTENS:

Alle Ausreden, die bisher Gültigkeit hatten, fallen weg. Schicksal und Zufall gibt es nämlich nicht. Der freie Wille ist heilig!

ZWEITENS:

Frohe Botschaft: Du bist für dein Leben in jeder Beziehung selbst verantwortlich!

DRITTENS:

Das, was du ausstrahlst, das ziehst du auch an! Das ist das Gesetz von Ursache und Wirkung.

VIERTENS:

Daraus ergibt sich: Mit deinen Glaubenssätzen und Verhaltensmustern erschaffst du dir deine Realität!

FÜNFTENS:

Du bist nicht (ganz) der Mensch, der du zu sein glaubst!

SECHSTENS:

Wenn du deine Glaubenssätze und Verhaltensmuster veränderst, änderst du in Eigenverantwortung auch entsprechend deine Realität!

SIEBENTENS:

Wenn du von Punkt eins bis sechs alles beherzigst, kannst du erreichen, was du willst!

ACHTENS:

Punkt sieben klingt verlockend, aber erwarte dir nicht gleich zu viel. Geduld und Übung sind die Mutter des Erfolges!

NEUNTENS:

Freue dich nicht zu früh, wir sind noch lange nicht fertig!

OK. Jetzt sollte eigentlich alles klar sein. Doch nicht? Also bitte, wo stehst du noch beharrlich auf der Leitung? Macht ja nichts, ich bin ein geduldiger Lehrer. Du sollst mir nicht nachsagen können, mein Einfühlungsvermögen wäre mangelhaft. Wo streikt denn dein Begreifen immer noch? In der Erschaffung der eigenen Realität? Warum denn? Es ist doch wirklich simpel.

Stehst du immer noch beharrlich auf der Leitung?

Pass auf: Wenn du einer Frau heute unerlaubt an den Hintern greifst, wird sie dir völlig zu Recht eine schallende Ohrfeige verpassen (auch von Frau zu Frau, denke ich)! Du hast dir also mit deiner machomäßigen Handlung eine ziemlich schmerzhafte Realität erschaffen: **Ursache und Wirkung**. Hättest du sie einfach nett angesprochen und um ein Rendezvous gebeten, würde sie sich irgendwann vielleicht sogar freiwillig verführen lassen. Dann würde die Realität viel angenehmer verlaufen.

Und wie steht es damit, dass du bereits seit Jahren überlegst, den Beruf zu wechseln, dass du aber immer noch in diesem öden Büro langweilige Akten bearbeitest, weil du dich nicht durchringen kannst, endlich eine Ausbildung oder Umschulung zu beginnen? Auch diese Realität darfst du deiner Unentschlossenheit zuschreiben. Andererseits hast du beharrlich Überstunden geschoben, um dir diese zwei Wochen auf den Malediven leisten zu können. Und predigst du nicht unermüdlich deiner Freundin, sie soll endlich diesen miesen Typen sausen lassen, weil er sie andauernd betrügt und schamlos ausnutzt? Greifst **DU** dir da nicht an den Kopf? Mit ihr gehst du sehr wohl hart ins Gericht, doch deine eigenen Geschichten? Na ja, es ist ein alter Hut, dass man für die Probleme der anderen schnell eine Lösung bei der Hand hat. Nur bei sich selbst ...

Für die Probleme der anderen hat man immer schnell eine Lösung parat ...

Jedenfalls: Plakativer kann ich dir das Spiel mit dem Erschaffen der eigenen Realität beim besten Willen nicht mehr vor Augen führen!

Wenn sich dein Begreifen weiterhin versperren sollte, dann lies die ganze Story einfach von

vorne. Im Notfall auch ein drittes Mal. Bleibt die Umnachtung dann immer noch bestehen, solltest du dich schnellstens in therapeutische Behandlung begeben. Kleiner Scherz – na, jetzt lach doch!

Ansonsten kennst du jetzt im Wesentlichen alle Grundregeln, nach denen das große Spiel des Lebens funktioniert, wie sie dich beeinflussen und wie du sie benutzen kannst. Mir ist schon klar, dass zwischen der Erkenntnis und der Umsetzung trotzdem noch eine tiefe Schlucht klafft, über die du erst eine feste Brücke bauen musst. Aber es besteht kein Grund, sich davor zu fürchten, denn weder ich noch dein Schutzengel erwarten Wunder. Selbst dann nicht, wenn plötzlich der Wunsch zur Veränderung euphorisch in dir lodert. Für den Anfang ist es wichtig, dass du dich ernsthaft entscheidest! Ich meine dafür entscheidest, einen neuen Weg einzuschlagen! Euphorie ist gut und herzlich willkommen, doch oft ist sie nicht ausreichend. Sie besitzt manchmal den Charakter, schnell zu verpuffen. Wenn sie dann nicht von einer

Das Spiel des Lebens!

ernsthaften, tief greifenden Entscheidung begleitet wurde, könnte es passieren, dass du schnell aufgibst. Und schon sind die besten Vorsätze wieder vergessen und versickert und alles bewegt sich im alten, gewohnten Trott.

Dieses enttäuschende Bild will ich jedoch erst gar nicht hochkommen lassen. Ich gehe zuversichtlich davon aus, dass du deine ernsthafte Entscheidung zur Veränderung euphorisch treffen wirst. Wie gesagt, schön Schritt für Schritt vorgehen. Du musst dich jetzt nicht für die nächsten paar Wochen ins Zen-Kloster zurückziehen oder nach Lourdes pilgern. Ich schick dich nicht einmal zur Beichte.

Entscheide dich ernsthaft!

Apropos Beichte: Da fällt mir ein wesentlicher Punkt auf, der noch ungeklärt herumschwirrt.

Es ist, glaube mir, völlig schnuppe, welcher Glaubensrichtung du angehörst!

Dein Schutzengel ist und bleibt dein Schutzengel! Ob du brav deine Kirchensteuer löhnst, aus diesem Verein ausgetreten bist, eine andere Sekte verherrlichst, heidnische Riten zelebrierst, dich als Esoteriker bezeichnest, mit den Krishnas fröhlich durch die Straßen tanzt, einen Gebetsteppich bekniest oder eine private Glaubensform für dich gefunden hast – uns Engeln ist alles recht. Wir leben die wahre Religionsfreiheit! Keine wird moralisch bevorzugt und erst recht nicht verdammt. Es ist deine freie Wahl!

Wir
leben die
Religionsfreiheit!

Kontakt zu deinem Schutzengel

So weit, so gut. Auch wenn der Kopf noch raucht, hast du bereits entschieden, dass Veränderungen anstehen. Ernsthaft? Wenn ja, dann freue ich mich für dich! Glaub mir: Wenn du nur halbwegs diszipliniert täglich einen kurzen Zeitrahmen in deine Veränderungswünsche investierst, werden sich Erfolgserlebnisse sehr schnell einstellen. Heißer Tipp:

Täglich schwirren 40 bis 50.000 Gedanken durch deinen hübschen Kopf!

Wenn du 1.000 bis 2.000 davon auf dein Ziel richtest, wirst du es bald erreichen!

Erst recht, wenn du endlich mit deinem Partner Kontakt aufgenommen hast. Ich habe es dir ja bereits deutlich ins Bewusstsein geschrien: Du und dein Schutzengel, ihr seid ein kongeniales Team! Das heißt, ihr könnt ein solches werden.

Plötzlich ungeduldig? Na, das kann ich ja gut leiden! Zuerst bist du skeptisch, voller Widerstände und jetzt kannst du es kaum noch erwarten. Schön, dann leg dir ein Lesezeichen in diese Seiten, klapp das Buch zu und spür gleich einmal in dich hinein. Ich meine, nimm jetzt, sofort Kontakt mit ihm auf. Nutze die Eingebung. Was du ihm sagen sollst? Bete ihm bloß nicht das »Vater unser« vor! Ich bitte dich!

Du und dein Schutzengel, ihr seid ein perfektes Team!

Rede mit ihm wie dir der sprichwörtliche Schnabel gewachsen ist.

Erzähle frisch vom Herzen weg, was dich bewegt und dass du ihn einlädst, ab nun mit ihm zusammenzuarbeiten – in aller Freundschaft, versteht sich.

Rede frisch vom Herzen weg!

Ob es losgehen kann? Was fragst du! Natürlich kann's losgehen! Worauf wartest du, auf noch mehr Hinweise? Entschuldige, du bist ein erwachsener Mensch und das ist doch nicht dein erstes Anbahnungsgespräch. Soll ich dir vielleicht auch noch das Händchen halten? Unglaublich! Tschüss, bis später, geh jetzt!

Pause!

Und, wie war es? Er hat geschwiegen? Er hat das Bier nicht angerührt? Hm ... schwierig. Ich hatte gehofft, aber ... Also, weißt du, es könnte sein, dass er beleidigt ist. »Ein Schutzengel?«, fragst du. Natürlich! Wir haben schließlich auch Gefühle. Wie würdest du reagieren, wenn dich dein bester Freund zwanzig, dreißig oder mehr Jahre lang nicht anruft? Eben. Die meisten sind es gewohnt und nehmen es gelassen hin. Bei deinem Freund musste wahrscheinlich der Geduldsfaden schon dreimal ausgewechselt werden. Aber sei nicht enttäuscht, das Beleidigtsein gibt sich. **Vertraue!**

Inzwischen verrate ich dir, welche Umgangsformen Schutzengel sonst noch bevorzugen. Es ist kein außergewöhnliches Benehmen, ich würde sagen, sie möchten so behandelt werden, wie du es dir auch für dich wünschst: **mit Respekt, Achtung und der nötigen Aufmerksamkeit.** In diesem Rahmen kann alles passieren, vom energiegeladenen Streitgespräch über den vollendeten Wutausbruch, bis hin zur Liebeserklärung. Tu dir keinen Zwang an.

Wie bemerkst du überhaupt, ob und wann dein Schutzengel zu dir spricht? Das ist eine gute Frage, eine sehr gute sogar. Wenn du seine bisherigen Kommentare in ausgedruckter Form besitzen würdest, stünde in deiner Bibliothek ein Werk im Umfang einer kompletten Brockhaus-Ausgabe. Mindestens. Damit bekommst du eine ungefähre Ahnung, was du bisher alles überhört hast. Du darfst dir das aber nicht so vorstellen, dass er tatsächlich spricht, so wie man eben redet, obwohl auch das ab einer gewissen Innigkeit eurer Beziehung der Fall sein kann. Man spricht zwar von einer »inneren Stimme«, oft wird sie auch als Gewissen bezeichnet, doch das besitzt reinen Symbolgehalt (die Stimme, nicht das Gewissen). Nein, du hörst ihn nicht, du spürst ihn. Ich würde sagen, **er ist deine Intuition.** Er ist dieses berühmte Gefühl im Bauch, das so prickelt, wenn eine Entscheidung ansteht und du so selten den Mut oder den Willen aufbringst, darauf zu hören.

Wie bemerkst du überhaupt, ob und wann dein Schutzengel zu dir spricht?

Die Lautstärke, die Intensität derartiger Gefühle kann und solltest du sogar trainieren, so wie du jemanden öfter und immer wieder treffen musst, um ihn wirklich kennen zu lernen und um eine Vertrautheit aufzubauen, die dann irgendwann ganz selbstverständlich ist. Eben eine intime Beziehung. Das hört sich schwierig an? Im ersten Moment ja. Du musst einfühlsam sein und sehr aufmerksam, wie ich schon sagte.

Er ist deine Intuition!

Stell dir einen schlampig eingestellten Radiosender vor. Der Hörgenuss wird deine Gehörgänge nicht gerade verwöhnen. Es wird mächtig rauschen in der Muschel und zeitweise wirst du überhaupt nichts verstehen. Um schmerzfrei zu werden, wirst du den Sender ziemlich schnell exakt einstellen. Die schlechte Leitung zu deinem himmlischen Freund verursacht zwar kein Ohrensausen, aber Lebensschmerzen!

Und wie trainiert man diese Verbindung am besten?

Nimm dir Zeit für diese Freundschaft!

Indem du dir Zeit nimmst und für Ruhe um dich herum sorgst. Nicht immer ist Fete angesagt, doch das besprechen wir gleich ausführlicher.

Mach es
dir gemütlich

Eine Schutzengel-Meditation

Darf ich davon ausgehen, dass du den Begriff »Meditation« zwar kennst, dass du aber selbst noch nie versucht hast zu meditieren?

Ich nenne es ganz bewusst »**EINE** Schutzengel-Meditation«, denn es gibt unzählige gültige Varianten. Wenn du dich intensiver damit auseinander setzen möchtest, was sicherlich von Vorteil wäre, dann bietet dir jede gute Buchhandlung ein breites Spektrum an Fachliteratur, oder du schreibst dich mutig in einem Seminar ein. Wie war das noch: Das Leben ist ein Abenteuer?

Für den Anfang reicht es aber zu wissen, wie eine Meditation grundsätzlich funktioniert. Das Drumherum darfst du so ausschmücken, wie es dir gefällt und wie es dir angenehm ist. »Und wie funktioniert nun eine Meditation grundsätzlich?«, willst du wissen. Vereinfacht dargestellt macht man Folgendes: Gemütliche Sitzposition einnehmen, Gedanken abstellen, fühlen, was kommt. – »Mehr nicht?«, fragst du. Na, versuch einmal deine Gedanken abzustellen! Aber da komme ich noch darauf zurück.

Jetzt darf es kuschelig werden!

Gehen wir Schritt für Schritt vor. Also, wenn du dich dann wohler fühlst, erschaffe dir ruhig eine nette Atmosphäre. Ich meine so mit Kerzenlicht, Duftlampe, sphärischen Eso-Klängen, so richtig bilderbuch-mäßig kitschig – wenn du darauf stehst. **OK, ich steh drauf!** Na, nicht nur, weil es dann kuschelig wird, sondern weil Kerzenlicht, Düfte und Klänge ganz bestimmte Wirkungen oder Schwingungen erzeugen, die den Kontakt förderlich unterstützen. Auch darüber findest du genügend Literatur.

Soll ich das jetzt erwähnen? Ja, ich tue es, denn es ist ja nicht unwesentlich: **Besuche vorher die Toilette.**

Zunehmender Druck auf der Blase ist für eine Meditation nicht unbedingt förderlich. Das fällt ebenfalls unter »Absaugen der Konzentration«. Und so gäbe es noch einige Tipps in diese Richtung, doch du wirst deine Erfahrungen schon machen. Es ist wie bei allem: Übung macht den Meister. In unserem Fall: **Übung intensiviert den Kontakt!**

Übung macht den Meister.

Ich möchte noch einmal auf die Sitzposition eingehen. Stramme Haltung ist nicht unbedingt erforderlich. Setz dich so hin, dass dir nicht bereits nach drei Minuten alles weh tut, dann passt es. Liegen ist kaum empfehlenswert, da die Chance recht groß ist, dass du wegschlummerst und dann versäumst du das Beste. Zwar können auch Träume Botschaften deines Schutzengels enthalten, aber eine Meditation ist eine Meditation.

Wenn die Kerzen brennen (der Docht natürlich), ein angenehmer Duft durch den Raum zieht, Stille eingekehrt ist und du endlich nicht mehr herumzappelst, beginnt das Eigentliche. Es werden dir ständig Gedanken durch den Kopf schwirren, das ist am Anfang nicht zu verhindern. **Lass diese Gedanken einfach weiterziehen.** Bleib nicht an ihnen hängen. Zuerst aber atme einige Male tief und gemächlich durch. Atme durch die Nase ein, bis in den Bauch hinunter und dann durch den Mund aus. Du brauchst den Atem nicht zu kontrollieren. Bleib kurz mit deiner Konzentration bei ihm, bis du das Gefühl hast, entspannt zu sein. Lockere deine Verkrampfungen, auch wenn der Körper danach alles hängen lässt. Das tut ihm gut. Und jetzt, während deine Gedanken kommen und gehen, beginne in dich hinein zu hören. **Erwarte nichts Bestimmtes.** Sei einfach offen und vertraue darauf, dass du in deiner Stille gehört wirst.

Lass deine Erwartungen los!

Diese Meditation dient dazu, dass ihr euch gegenseitig spürt. Du wirst ein friedvolles Gefühl empfinden, innere Ruhe wird einkehren und die Schwingen deines Schutzengels werden dich beschützend umarmen. Er wird auf seine Weise zu dir sprechen.

Er wird
auf seine Weise
zu dir sprechen!

Ich schreibe dir nicht vor, wie lange eine Meditation dauern soll. Führe sie so lange durch, wie es für dich angenehm ist. Wobei, wenn ich es recht bedenke, **mindestens zehn Minuten** sollten es schon sein. Wenn man Meditieren nicht gewohnt ist, wird man vielleicht schnell unruhig und dann erinnerst du dich an meine Worte und brichst nach zwei Minuten ab. Das reicht gerade, um einmal tief durchzuatmen. Nimm daher bitte die zehn Minuten als Richtwert.

Trau dich,
energischer um Unterstützung
zu bitten!

Du, dein Schutzengel und das alltägliche Leben

Eure Konversation soll sich jedoch nicht aufs Meditieren beschränken. Du darfst dich in jeder Lebenslage an ihn wenden – egal, ob du in der U-Bahn sitzt, im Stau steckst, im Supermarkt deinen überfüllten Einkaufswagen schiebst oder gerade ein Stück Pizza verschlingst.

Er ist jederzeit ansprechbar!

Vor allem könnte es sein, dass du unvorhergesehen in irgendeine Notsituation gerätst und dann ist er sowieso gefordert!

Dann trau dich auch, energischer um Unterstützung zu bitten. Energisch bedeutet ja nicht, dass man unhöflich ist. Gewöhne dir wirklich an, wann immer dir danach ist, mit ihm zu sprechen. Erzähle ihm von deinen Sorgen, deinen Wünschen, deinen Sehnsüchten und lass' ihn so bewusst an deinem Leben teilhaben! Wünsche ihm einen guten Morgen und eine erholsame Nacht. Wenn du möchtest, besorge dir ein Symbol, das du bei dir trägst und das dich an ihn erinnert. Einen Anhänger, einen schönen Stein – du findest sicherlich das Passende.

**Lass los
und vertraue!!**

Wenn du dich an ihn wendest, zerbrich' dir nicht den Kopf darüber, wie er antwortet, vor allem dann nicht, wenn du einen Wunsch geäußert hast. In Sachen Unterstützung sind wir Schutzengel sehr erfinderisch und wahre Manager. Entweder streift dich ein Geistesblitz mit einer fulminanten Idee, oder du verspürst plötzlich den Drang, jemanden anzurufen, der genau das hat, was du benötigst. Kann sein, dass dich ein Buch anspringt, in dem du

Antworten findest, kann sein, dir flattert ein Prospekt für ein Seminar, das du besuchen solltest, ins Haus, kann sein, du lernst jemanden kennen …

Lass los
und vertraue!!

Sei einfach offen dafür, dass die Hilfe in einer Art und Weise und aus einer Richtung kommen kann, aus der du am wenigsten damit rechnest. Mach dir also keine genauen Vorstellungen davon. Lass los und vertraue!

So viel zur Kommunikation. – Wenn dich das Bedürfnis überkommt, die Beziehung zu deinem Schutzengel mit einem gewissen Verwöhncharakter zu intensivieren, indem du ihm ein eigenes Plätzchen in deinem Heim widmest, das von blühenden Pflanzen umrankt, mit einer Duftkerze und einem leuchtenden Bergkristall versehen ist, dann lass' dich nicht davon abhalten. Schmücke und dekoriere den Platz nach deinen Vorstellungen aus. Wir finden das weder kindisch noch abgehoben, das fällt unter Freundschaftspflege – solange der Ort zu keinem Kultplatz ausartet, zu dem du dreimal täglich auf Knien pilgerst! Doch seinen Respekt und seine Dankbarkeit zum Ausdruck zu bringen, ist absolut legitim, egal, wie andere darüber denken.

Baue keinen Kultplatz, zu dem du dreimal täglich auf Knien pilgerst!

Notwendig ist so ein Platz allerdings nicht. Der idealste Ort für eure Begegnungen und der Ausdruck deiner Gefühle, ist sowieso dein offenes Herz!

Apropos offenes Herz: In deiner Euphorie über den neuen Freund wird dich ein dringendes Mitteilungsbedürfnis überkommen. Das heißt, ganz logisch, du wirst mit jemandem über deinen Schutzengel reden wollen und vielleicht sogar mit jedem, der dir gerade über den Weg läuft. Übertrieben ausgedrückt. – Und auch wieder nicht, denn es passiert schon, dass man dermaßen erfüllt ist, dass man meint, seine neue Wahrheit in die Welt schreien zu müssen! Sehe ich ein. Nur, bitte, lass' in diesem Fall die Welt aus dem Spiel. Ich meine, wähle dir ein, zwei oder auch mehrere Gesprächspartner aus, doch wähle gut! Versichere dich, dass es Personen sind, die dich ernst nehmen – auch wenn sie deiner Geschichte vielleicht nichts abgewinnen können.

Umgib dich mit Seelen, die dich unterstützen!

Vermeide es jedenfalls mit Menschen zu reden, die der Sache zynisch und abwertend gegenüberstehen, die gar nicht begreifen möchten, worauf du dich da heroisch eingelassen hast. Es könnte ihnen möglicherweise gelingen, dich zu entmutigen! Sie werden wahrscheinlich nicht wollen, dass du dich veränderst, weil es ihnen aufzeigt, wie dringend und wichtig dieses Thema auch für sie selbst ist! Und solange du in die Sache nicht wirklich hineingewachsen und innerlich gefestigt bist, ist ihr Einfluss nicht zu unterschätzen. Also schütze dich davor!

Umgib dich lieber mit Seelen,
die dich unterstützen!

Aufmunterung
zur Selbstanalyse!

Abenteuer Leben

Nachdem ich bisher viel darüber geredet und erklärt habe, nach welchen Grundgesetzen das Leben funktioniert, wird es höchste Zeit von der Theorie in die Praxis zu wechseln. Ich habe ja großspurig versprochen, dich nicht hängen zu lassen. Ich meine, für den Fall, dass du dich entschließt, oder bereits entschlossen hast, für eine aussichtsreichere Zukunft die Ärmel hochzukrempeln, möchte ich dir einfache Möglichkeiten aufzeigen, wie man effizient an Lösungen heran kommt! Ich nenne diese Möglichkeiten der Selbstanalyse anspruchsvoll »**Abenteuer Leben**«.

Dieses Abenteuer ermöglicht dir wichtige Erkenntnisse, um herauszufinden, was du verändern möchtest, welche Schritte dazu notwendig sind und – auch nicht unwesentlich – wohin denn dein Schiff steuern soll. Welchen neuen Kurs soll es einschlagen?

Momentan, wenn ich mich nicht irre, schwirren dir viele ungeordnete Gedanken durch den Kopf. Verständlich, denn da sind Informationen über dich hereingebrochen, die dein Weltbild gehörig durcheinander wirbeln.

Eine bärengeile Herausforderung!

Jetzt gilt es, diese Unordnung auf die Reihe zu bekommen, um wieder ein scharfes Bild zu erhalten. Das ist relativ einfach. Ich sage das nicht so dahin, um dich zu beruhigen, es ist tatsächlich ein simples System, wofür du nur Entschlossenheit benötigst – mit einem Schuss Gelassenheit, wenn ich bitten darf.

Es geht also um die Gestaltung deiner Zukunft! Es gilt für dich, deine Vision, deinen Lebenstraum zu finden und zu erfahren, wie du ihn verwirklichen kannst! Du wirst erkennen, was dich bisher gehindert hat, ihn umzusetzen. Das ist doch eine bärengeile Herausforderung! Oder etwa nicht? Glaub mir, es ist absolut spannend, aber vor allem ist es sehr Erfolg versprechend! Ich biete dir zwei Versionen an: Die »Akutversion« für die täglichen Herausforderungen und eine sehr umfangreiche, einfühlsame Version mit Langzeitwirkung, die zur Entschlüsselung deines bisherigen Daseins führt. Am besten ist es wohl, ich stoppe meinen Redefluss und erkläre gleich einmal die »Akutversion«.

Es ist sehr Erfolg versprechend!

Der Kraftpunkt
liegt im
Hier und Jetzt!

Die Akutversion

Diese Version funktioniert derart unspektakulär, dass du dich fragen wirst, warum du noch nicht selbst darauf gekommen bist. »Und wie einfach funktioniert sie?«, fragst du. OK, wählen wir eine leicht dramatische Herausforderung, um ein spannendes Beispiel zu bearbeiten, denn ich liebe ja Beispiele!

Nehmen wir an, du hast dich unsterblich verliebt! Das ist ein schönes Gefühl, nur leider nimmt der oder die Angebetete wenig Notiz von dir. Das ist weniger schön. Soll wohl so sein.

Jetzt ist deine Hartnäckigkeit und dein Einfallsreichtum gefragt. Zuerst greifst du dir drei Blatt Papier und jedes davon betitelst du mit der Überschrift wie hier angegeben.

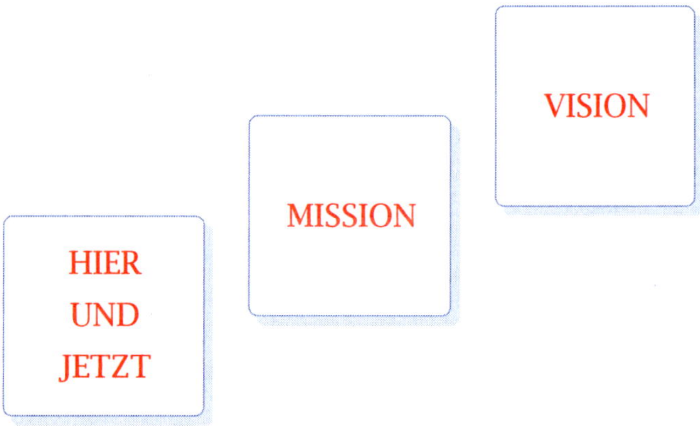

Dem »**Hier und Jetzt**«-Blatt vertraust du die Herausforderung an, die Problematik deiner unerfüllten Liebe. Schreibe auf, wie sich die momentane Situation darstellt.

Danach wechselst du zur »**Vision**« und notierst, welches Ziel du gerne hättest. Hier rate ich dir trotz deines Schwebezustandes, oder gerade deswegen, nicht gleich zu übertreiben. Ich meine, natürlich darfst du dir wünschen, du möchtest dein Herzblatt heiraten, drei entzückende Kinder in die Welt setzen, in einem Haus im Grünen wohnen, mit Kräutergarten und Rosenstöcken ... Doch bedenke, dass dir die erwählte Person eigentlich noch sehr fremd ist, was die Vision bei näherem Kennenlernen einschneidend verändern könnte! Weiter bewirkt überschäumende Euphorie sehr oft Überforderung und das Klammern an ein Wunschbild erst recht. Für den Anfang wäre es klüger, keine allzu großen Erwartungen zu hegen, sondern

Klammere dich nicht an ein Wunschbild!

die Sache sanft, beschwingt und locker anzugehen.

Wenn ich dir raten darf, beschränke dich bei deiner Vision auf ein Rendezvous. Wenn es erfolgreich abläuft, kannst du dir ja eine neue Vision setzen. Gehe Schritt für Schritt vor. Das erspart dir Enttäuschungen. Eine bescheidene Vision, die sich nicht erfüllen sollte, ist leichter zu verkraften, als wenn du daraus gleich ein Lebensziel gestaltest. **Denn dieses System ist keine Erfolgsgarantie** – es erhöht allerdings die Erfolgswahrscheinlichkeit! Es hilft dir, dein Wunschziel klar zu erkennen und den Weg dorthin bewusst, überschaubar und damit lebbar zu gestalten.

Lass dir Zeit. Gehe Schritt für Schritt!

Damit sind wir auch schon bei der »**Mission**« angelangt. Auf diesem Blatt überlegst du dir, was du tun kannst, um deine Vision zu erreichen, eben die einzelnen Schritte. Hilfreicher Hinweis: Beschränke dich nicht! Ich meine, sei auch offen für Möglichkeiten, die in deinem bisherigen Denken keinen Platz bekommen haben!

Beschränke dich nicht!

Außergewöhnliche Situationen bedürfen oft außergewöhnlicher Maßnahmen (so wurde mir bekanntlich meine Mission aufgehalst)!

Besuche einen »Kurs im Flirten«, korrespondiere mit einer Sexualtherapeutin oder finde detektivisch seine/ihre Vorlieben heraus! Du verstehst? Schon klar: Wie direkt oder diplomatisch du dabei vorgehst, liegt an der Beschaffenheit deiner Persönlichkeit, aber bleibe in jeder Hinsicht respektvoll. Achte die Privatsphäre!

Achte die Privatsphäre!

Dieses System ist natürlich auf verschiedenste Weise anwendbar. Unabhängig davon, welche Herausforderung sich stellt, es wird dir immer helfen, deine Situation zu verbessern. Egal, ob du nach einem geeigneteren Job suchst, nach einem Weg, endlich mit dem Rauchen aufzuhören oder ob du partnerschaftliche Zwistigkeiten lösen willst – man kann es ebenso zu zweit spielen oder überhaupt mit mehreren Personen, wenn alle unter dem gleichen Problem leiden. Dann bastelt man aus allen Vorstellungen eine gemeinsame Vision und einen gemeinsamen Weg, um sie zu verwirklichen. Wichtig ist nur, dass die Beteiligten auch ehrlich nach einer gemeinsamen Lösung streben, die für jeden zufrieden stellend ist.

Und noch etwas ist wichtig: Weil ich weiß, dass es Menschen gibt, die akribisch an ihren Beschlüssen festhalten, selbst dann, wenn sich plötzlich geeignetere Pfade eröffnen, und ich natürlich nicht einschätzen kann, ob das auch auf dich zutrifft, möchte ich sicherheitshalber noch eine Sache erläutern: Einerseits ist es schon wichtig, die Mission genauestens zu beschreiben und durchzustrukturieren, andererseits solltest du nicht stur daran kleben bleiben! Lass' sie fließen!

Wie komme ich am schnellsten zum Supermarkt?

Wenn es notwendig wird, den Weg zu verändern, dann verändere ihn! Ich meine, wichtig ist letztendlich das Erreichen der Vision!

Wenn das auf Grund gewisser Ereignisse eine Umgestaltung der Pläne bedingt, dann, na klar, gestalte gefälligst um! Passe die Situation den Gegebenheiten an, sonst marschierst du unter Umständen geradewegs am Ziel vorbei!

Ganz nach dem Motto:

Mission erfüllt, Vision beim Teufel!

Vielleicht probierst du diese Methode gleich aus. Ich wünsche dir jedenfalls viel Spaß dabei, aber vor allem den gewünschten Erfolg!

PS: Im Grunde ist dieses System wie dein wöchentlicher Einkaufszettel!

HIER UND JETZT
= Hunger!

VISION
= Was ich essen möchte ...

MISSION
= Wie komme ich am schnellsten zum Supermarkt ?

Die geheimen
Kammern deines Ichs.

Die Abenteuer-Version – erkenne dein Leben!

Wahrscheinlich bist du überzeugt, dein Leben zu kennen, denn schließlich warst du in jeder Minute live dabei. Niemand sonst hat es so unmittelbar genossen. Aber, na ja, inzwischen weißt du, wie das so ist mit den Erinnerungen. Einerseits erinnerst du dich nicht an alles und andererseits sind viele Erinnerungen durch die Beschützerstrategie des Unterbewusstseins ein- und umgefärbt.

Deine Erinnerungen, vor allem jene an Kindheit und Jugend, bieten daher nur sehr subjektive

Wahrheiten und manche Ereignisse liegen überhaupt im Verborgenen. Es geht nun darum, dir einen neuen Überblick zu verschaffen, indem du in die Tiefe gehst, vordringst in die geheimen Kammern deines Ichs.

Wenn du nun beginnst, dein bisheriges Leben zu entschlüsseln, wirst du erkennen, wie du deinen Lebenstraum verwirklichen kannst.

Diese Art der Selbstanalyse verschafft dir Klarheit darüber, warum die momentane Situation so ist, wie sie ist. Du wirst die Ursachen begreifen, die dazu geführt haben und erkennen, warum sich alles so und nicht anders entwickelt hat. Dein Charakter, deine Glaubensmuster und deine Wertvorstellungen, dein gesamtes Weltbild, deine Realität – all das, worüber wir bereits seitenweise diskutiert haben, wird sich verständlich und einsichtig vor dir ausbreiten. Du kannst daraus die geeigneten Schlüsse ziehen und dadurch **ab sofort** deine Zukunft neu gestalten, eben deine Realität

Deine Zukunft beginnt jetzt!

verändern, wenn ich das zum hundertsten Male erwähnen darf.

Der Hinweis »ab sofort« ist wichtig, denn die Zukunft beginnt nicht in einer Woche, einem Monat oder einem Jahr,
sondern jetzt!

Jetzt!

Im Unterschied
zur »Akut-Analyse«
wirst du hierzu jedoch viel
mehr Zeit benötigen, schon deshalb, weil es sechs Erkenntnisbereiche sind. Und, das sagt die Logik, ein ganzes Leben zu analysieren, erfordert nun einmal viel mehr Aufwand als ein einzelnes Problem näher zu beleuchten – eigentlich müßig, das zu erwähnen.

Doch bevor ich die einzelnen Bereiche ausführlich erläutere und wir uns aufgeregt und gespannt auf die Startlinie dieses Abenteuers begeben, möchte ich dich vorher noch mit brauchbaren Hinweisen bemuttern. Ich traue dir zwar genügend Einfühlungsvermögen zu, deine private Rückschau in einen geeigneten Rahmen zu setzen, so ist es nicht, doch ich fühle mich wohler, wenn ich dich mit Tipps begleiten darf.

Es beruhigt mich. Ich bin dir aber weder böse noch beleidigt, wenn du meine mütterliche Fürsorge überspringst und gleich beginnst, oder picke dir die Fragen heraus, die für dich von Belang sind.

Fragen an Mutter:

Wie groß ist der Zeitaufwand?

Ich würde sagen, zwei Tage ist der passende Rahmen. Es sei denn, du ziehst dich auf eine einsame Almhütte zurück, dann rechne noch einen Tag für An- und Abreise dazu. Zwei Tage jedoch sind ideal, um genügend Nachdenkphasen und Ruhepausen einlegen zu können oder auch, um Geschichten zu verarbeiten, die aus deinem Unterbewusstsein ganz bestimmt hochkommen werden.

Meine mütterliche Fürsorge …

Welcher Rahmen ist passend?

Auf jeden Fall ein Platz, an dem du völlig ungestört bist! Das erachte ich als unbedingt wichtig! Also egal, ob zu Hause oder auf der Berghütte, es sollte dich nichts ablenken: kein Fernsehen, kein Handy, keine neugierigen Mitbewohner. Es würde dich einerseits nerven, wenn dir ständig ein neugieriges Gesicht über die Schulter blickt, andererseits kostet es deine Konzentration und die brauchst du!

Es ist wichtig, dass du dich voll auf deine Herausforderung konzentrierst!

Alleine oder zu zweit?

Wenn du dich davor fürchten solltest, mit dir alleine auskommen zu müssen, was absolut keine Schande ist, dann wähle eine Vertrauensperson als deinen Begleiter: Freund, Freundin, Partner, wen auch immer.

Es kann gut tun, in gewissen Situationen jemanden bei sich zu haben, mit dem man sich aussprechen kann. Vielleicht auch nur eine starke Schulter zum Anlehnen ...

Das leibliche Wohl ...

Mir ist schon klar, dass du kaum vergessen wirst, dich zu ernähren! Trotzdem mein Tipp: Kauf alles ein, worauf du Heißhunger bekommen könntest! »Wirklich alles?«, willst du wissen. Ja, und wenn du den gesamten Supermarkt heimschleppst, denn du wirst dich zweifelsohne mit Geschichten auseinander setzen, die dir deine Mängel bewusst, beziehungsweise bewusster machen! Das sind vor allem seelische Mängel wie fehlende Liebe, Abweisungen, Trennungsschmerzen, Verlustängste – all diese verletzenden Kaliber. Und eine

Vergiss dein Lieblingsplüschtier nicht!

Begleiterscheinung solcher Auseinandersetzungen ist oft, dass man auf etwas Bestimmtes unheimlich Lust bekommt. Wenn dann die gewünschte Torte, Wurstsorte oder der Käse mit Mayonnaise nicht greifbar ist, **schwächt das gehörig die Konzentrationsfähigkeit** – mal abgesehen von der Laune. Es reißt dich aus der Stimmung. Nahrung ist in diesem Fall das beste Beruhigungsmittel. Es besänftigt das aufgebrachte Gemüt. Außerdem ist es auch Belohnung, die Körper, Geist und Seele für ihre Bemühungen verlangen und wenn die Belohnung ausbleibt, na ja, ich will nicht behaupten, dass du dann dein Seminar vergessen kannst, aber es wird dich zusätzliche Überwindung kosten, weiterzumachen.

Muss nicht sein, kann aber so sein! Dem einzigen Bedürfnis, dem du widerstehen solltest, wäre übermäßiger Alkoholkonsum. Im angeheiterten Zustand ist man zwar gelassener, aber ... na, da haben wir ja alle unsere kopfbrummigen Erfahrungen damit. Hingegen, wenn du Raucher bist, dann rauche! Ein vernebelter Geist ist immer noch besser, als durch Entzugserscheinungen die Wände hochzugehen! Ansonsten gestalte dir deinen Aufenthaltsort **so gemütlich wie möglich**. Pack' dein Lieblingsplüschtier ein, Fotos aus der Kindheit bis zum aktuellen Geburtstag, beschwingte Musik und ...

Erlaube deinem Herzen, wahrhaftig zu sein!

Jetzt wollte ich bereits den Startschuss geben, doch wir sollten uns noch kurz über die emotionalen Auswirkungen unterhalten. Es könnte ja sein, dass du jemand bist, der sich etwas schwer tut, Gefühle zuzulassen, selbst dann, wenn du unbeobachtet bist. Dieser Prozess, der vor dir liegt, wird aber immer wieder Gefühlsausbrüche verursachen.

Ich bitte dich daher aufrichtig, versuche zumindest, ihnen respektvoll Platz zu geben.

Gefühle sind der Kreislauf des Herzens
und der Atem der Seele.

Sie zeigen dir offen, wie es um beide bestellt ist. Wie es um dich bestellt ist, mit Tränen, mit Freuden, mit Lachen, mit Melancholie oder Einsamkeit – **erlaube deinem Herzen, wahrhaftig zu sein.** Erlaube deinen verdrängten Verletzungen, den Mantel der Verdrängung abzustreifen.

Setze dich
nicht unter
Erfolgsdruck!

Indem du sie liebevoll annimmst und als Teile von dir anerkennst, erlöst du sie.

Und vertraue darauf,
dass dich dein Engel
beschützend begleiten wird.

Spüre ich da bei dir ein flaues Gefühl im Bauch? Ein bisschen Angst, dich an die Sache heranzuwagen? Dann lass' dir Zeit. Lies' erst einmal in Ruhe zu Ende, was da auf dich zukommen kann. **Nichts überstürzen.** Du musst dich nicht sofort entscheiden und selbst, wenn du später mitten drin steckst in deiner Rückschau, kannst du jederzeit abbrechen! Das ist keine Flucht! Du gehst einfach nur behutsam mit dir um und das ist ja gut so! OK?

Geh behutsam mit dir um!

Beginnen wir nun mit einer Übersicht der Schritte. Der Weg zu deiner Selbsterkenntnis führt also über sechs unterschiedliche Bereiche. Bitte, es ist wichtig, die vorgegebene Reihenfolge einzuhalten, denn ein Bereich baut auf dem anderen auf.

LEBENS(VER)LAUF

Vom Schnuller bis zur Lesebrille

MUSTER UND GLAUBENSSÄTZE

Erkennen und verstehen

DEIN UMFELD

Als Spiegel deiner Muster und Glaubenssätze

Du kannst
jederzeit abbrechen!

DIE LISTE DER ERKENNTNISSE

Die Essenz, wie alles ist

DEINE VISION

Dein Lebensziel

DEINE MISSION

Der Weg zum Ziel

Hier nun eine akribische Beschreibung der Bereiche, wie du sie inhaltlich am besten umsetzt:

Bereich: LEBENSVERLAUF

Erster Schritt:

Um beginnen zu können, benötigst du 5-10 Bögen Packpapier – je nachdem, wie viele Jahre und Jahrzehnte du bereits hier bist. Lege damit großzügig den Boden des Zimmers aus. Ach ja, und Filzstifte zum Schreiben werden ebenfalls gebraucht.

Alles hat seine Bedeutung!

Zweiter Schritt:

Teile nun auf dem Packpapier dein Leben der Reihe nach in die verschiedensten Abschnitte ein. Am übersichtlichsten funktioniert es, wenn du Überschriften verwendest wie: Kindheit, Jugend, Studienzeit, Lehrjahre, erste Ehe, dritte Ehe ... und so weiter, und so weiter.

Dritter Schritt:

Jetzt folgt der spannende Teil: Beginne in jedem Abschnitt alles aufzuschreiben, was dir in den Sinn kommt. Egal, ob es dir wichtig oder unwichtig erscheint. Selektiere nicht! Ich meine, was du vielleicht im ersten Moment als bedeutungslos erachtest, könnte sich später als wichtiges Detail entpuppen und wenn nicht, ist es ja auch kein Malheur. Und bitte, lass' dir Zeit! Verzweifle nicht gleich, wenn sich dein Erinnerungsvermögen in dem einen oder anderen Lebensabschnitt zuerst einmal verweigert. Das kommt noch. Deswegen wären Fotos sehr hilfreich.

Wie es kommt, ist es gut.

Gönne dir auch entsprechende Pausen, aber schweife gedanklich nicht völlig ab. Je öfter du aus der Thematik aussteigst, desto schwieriger findest du wieder den Zugang. Ansonsten kannst du natürlich deine

Notizen kreuz und quer machen – du musst nicht zuerst die Kindheitsbiographie beenden, bevor du jugendliche Sünden ausplauderst. **Wie es kommt, ist es gut.** Es ist auch nicht wesentlich, jede Erinnerung auszuformulieren, es sei denn, du möchtest dein Lebenswerk anschließend gleich als Roman veröffentlichen.

Verliere den roten Faden nicht!

Vierter Schritt:

Du bist fertig! So sehr du auch grübelst, da regt sich nicht der Ansatz einer weiteren Erinnerung. Du hast alles aufgeschrieben. Was ist das für ein Gefühl für dich, dein Leben so vor dir zu sehen? Die wichtigsten Stationen noch einmal durchlaufen zu haben? Den »**roten Faden**« zu erkennen, der sich durch die Jahre hindurchzieht?

Das ist nämlich der Sinn dieser Übung, dass du dir an Hand deiner Geschichten der Wurzeln deiner Prägungen bewusst wirst, sie erkennst und verfolgen kannst, wie sie dich bis heute beeinflussen. **Du sollst begreifen, warum vieles so gelaufen ist, wie es gelaufen ist** und wie sich das Blatt wenden kann, wenn du jetzt Veränderungen vornimmst. Die Erkenntnisse aus dem »roten Faden«, die Essenz der prägenden Ereignisse, wirst du gleich anschließend, im Bereich **MUSTER UND GLAUBENSSÄTZE** festhalten.

Wertfrei!

Wenn du vorher noch die einzelnen Lebensbereiche auf dich wirken lässt, dann versuche dabei die Ereignisse – so gut wie möglich – **wertfrei** zu sehen. Das mag dir schwer fallen, schließlich bist du es gewohnt, mit Schuldzuweisungen zu denken und oft erscheint es gerechtfertigt. Vor allem Kindheitserlebnisse zeigen mangelhaftes Verhalten der Eltern auf, was die kleine Seele belastet. Doch wie auch immer deine Eltern dachten und handelten, gestehe ihnen zu, dass sie es im besten Gewissen taten – mit ihrer Fähigkeit, dich zu lieben. Bedenke, dass auch sie Kinder waren, die wiederum von ihren Eltern geprägt wurden. Du hast nun die Möglichkeit, diesen Kreislauf zu durchbrechen. Erkennen heißt auch verzeihen – **auch dir selbst!**

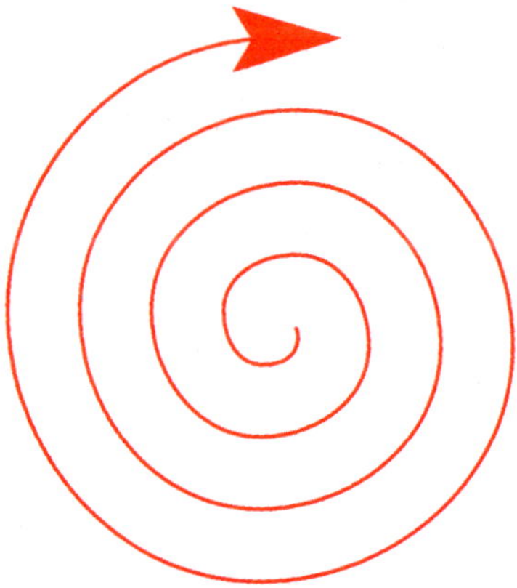

Notiere also deine Einsichten so penibel wie möglich: woran du glaubst, woran du nicht glaubst – an Gott, an keinen Gott, deinen Schutzengel oder nicht – die Welt ist grundsätzlich schlecht – Männer wollen immer nur das eine – Frauen auch – ich muss ewig und jedem dankbar sein – ich muss entsprechen – ich darf nicht widersprechen – ich habe keine Talente – was auch immer! Und erspare dir wiederum viel Nachdenkerei! **Lass' es raus, wie es kommt!**

Du wirst dich wundern, an was du alles glaubst – oder auch nicht glaubst!

Bereich: DEIN UMFELD

Nun beschreibe so genau wie möglich dein momentanes Umfeld: dein Berufsleben, deine Partnerschaft, dein Umgang mit Freunden, Familie, Bekannten, das Verhältnis zu deiner Familie, nenne deine Hobbys, deine finanzielle Situation, Sparbuch, Kredite ... **Schildere deine kleine Welt!**

Bereich: DIE LISTE DER ERKENNTNISSE

Wenn du die Beschreibung deines Umfeldes betrachtest, entsteht automatisch eine Liste von allem, was dich unzufrieden beziehungsweise unglücklich macht – schreibe es ebenfalls auf, aber ebenso alles, was dich wirklich glücklich macht!

Veränderst
du dich,
um der Wahrheit
zu entsprechen, oder
suchst du dir
zu deiner
Veränderung
die entsprechende
Wahrheit?

Bereich: DEINE VISION

Jetzt entwirf – ohne Rücksicht auf deine derzeitige Lebenssituation – deine ideale Lebenssituation. Male mit Worten ein glückliches Bild! Was wünschst du dir? Willst du einen besseren Job (welchen Job?), mehr Gehalt, einen anderen Lebenspartner? Wärst du gerne geschieden oder verheiratet? Würdest du gerne dieses oder jenes unternehmen wie reisen, Klavier spielen, die Bühne erobern, singen? Oder hättest du gerne ein Haus? Schreibe aber nicht, ich hätte gerne Millionen und eine Südseeinsel! Bleib realistisch! Andererseits, wenn eine Million und eine Südseeinsel wirklich deinem Herzenswunsch entsprechen ... **Grenzen setzt man sich schließlich nur selbst!**

Bereich: DEINE MISSION

Am Ende erwartet dich die größte Herausforderung: Studiere deine **LISTE DER WAHRHEIT** und die Liste deiner **MUSTER UND GLAUBENSSÄTZE** – und jetzt überlege, was du in deinem Leben verändern müsstest, um deine Vision zu erreichen! Welche Denkmuster sollten umdenken, welches Verhalten sich umpolen, was hast du noch zu lernen ... Wenn du das geschafft hast und entsprechend motiviert bist, dann beginne eine Liste zu schreiben, welche Schritte du zuerst in Angriff nimmst ... Beschreibe deinen Weg, mache einen Plan, ein Konzept, was du wie verändern möchtest – damit beschreibst du deine Mission zu deiner Vision!

Du bist nie allein!

Auch hier rate ich dir mit kleinen Ansätzen zu beginnen, um dich nicht zu überfordern. Überlege auch, wie du mit Rückschlägen umgehst. Kalkuliere sie mit ein, denn sie passieren unweigerlich. Sie sollten dich bloß nicht entmutigen, sondern eher noch anfeuern mit der Emotion »**jetzt erst recht**«!

Hilfreich ist, wenn du mit dir selbst einen Vertrag eingehst, in dem du dir deine Absichten erklärst und dir selbst das Versprechen gibst durchzuhalten!

Schließe mit dir einen Vertrag!

Alles klar? Alles verständlich rübergekommen? Überlegst du bereits, wann du dir dein Wochenende gönnst?

Vergiss nicht:

Du bist immer begleitet und geführt!

Ich bedanke mich für
deine Geduld …

Abschied

Hier endet meine Botschaft. Ich denke, fürs Erste habe ich dich mit genügend Informationen gefüttert und **im Namen deines Schutzengels bedanke ich mich herzlich für die Aufmerksamkeit.** Du warst sehr geduldig. Vielleicht wirst du morgen aufwachen und dich kaum an den Inhalt des Buches erinnern, weil das Verdrängungsprogramm immer noch bestens funktioniert. Dein Unterbewusstsein wird dir dutzende ausgeklügelte, rationale Gründe liefern, warum trotz aller Lebensproblematik keine Veränderungen nötig sind. So wird es eine spannende Herausforderung für dich sein, diese inneren Grenzen der Angst zu sprengen. **Möglich ist es.**

Meine Ausführungen sind natürlich nicht der Weisheit letzter Schluss! **Sie sind ihr Anfang.**

Ich habe sie ganz bewusst komprimiert, sehr vereinfacht und so verpackt, wie ich denke, dass sie dich nicht überfordern, sondern dir Mut machen, eine Tür zu öffnen, die bisher versiegelt blieb – eine Tür, die in die Freiheit führt.

Doch sei vorsichtig, meine Liebe, mein Lieber! Jede Lehre, die mit Schuld arbeitet, macht sich schuldig!

Mit unserer Begegnung hast du dir den Schlüssel besorgt. Verwende ihn. Schreib mit einem Gefühl der Aufbruchstimmung ein »Herzlich willkommen« in dein Herz und strahle es nach außen, deinem Schutzengel und dem Leben entgegen! Und du wirst dich wundern, was passiert!

Hol dir jede Hilfe, die du bekommen kannst!

Beschäftige dich mit Astrologie, mach eine Familienaufstellung, lies' Bücher über Selbsterfahrung, buche ein Tantraseminar, gönne dir die Urschreitherapie, spaziere über glühende Kohlen, beschäftige dich mit deinen Heilkräften und verklage den Hausarzt (Spaß)!

Frag nach, was Chakren sind, schenk deinem inneren Kind eine Liebeserklärung, hör' auf, dir jeden Tag die (Verzeihung) Scheiß-Nachrichten reinzuziehen, glaub einmal all die Dinge, die **nicht** in der Zeitung stehen und kündige endlich dem Verein der präpotenten Angeber, die all das und noch mehr in Frage stellen! Sie behaupten zu wissen, dabei wissen sie nichts! Denn etwas zu wissen bedeutet, dass man es persönlich erfahren hat und das haben sie nicht. Und zu behaupten, über etwas

Schon Jesus sagte ganz klar: »An ihren Taten wirst du sie erkennen ...!«

Bescheid zu wissen, wovon man keine Ahnung hat, ist respektlose Anmaßung und außerdem, entschuldige, unglaublich dumm. – Und könnte es sein, dass du dir soeben eingestehen musstest, auch einer von diesem Verein zu sein? Ups! Spätestens jetzt hast du die Wichtigkeit meiner Botschaft begriffen.

Aber entscheide selbst, was unser Zusammentreffen für dich bedeutet. Ich habe meine Mission ausgesandt und du bist gekommen.

Ich bin
zu deiner
Realität geworden!

Du hast mich zu deiner Realität gemacht.

Mit welcher Konsequenz auch immer.

Einen wesentlichen Hinweis habe ich mir noch für den Schluss aufgehoben, die Aufklärung eines weit verbreiteten Missverständnisses:

Du bist nicht Mensch, mit dem Auftrag ein spirituelles Wesen zu werden!

Denn du bist ein spirituelles Wesen und hier, um menschliche Erfahrungen zu machen!

Jemand hat einmal gesagt:

Arbeite, als würdest du
kein Geld brauchen!

Liebe, als hätte dich
nie jemand verletzt!

Tanze, als würde
keiner hinschauen!

Singe, als würde
keiner zuhören!

Lebe, als wäre
das Paradies auf Erden!

(Autor leider unbekannt)

In Sinne dieser wunderbaren Zusammenfassung wünsche ich dir die Auferstehung deiner Lebensfreude, erfüllte Zeiten und die Kraft deiner Mitte!

Die Mission geht weiter

»Die Schutzengel G.m.u.H.«

Als mir die Mission übertragen wurde, habe ich mich in meine Wolke zurückgezogen, um in Ruhe ein brauchbares Konzept auszuarbeiten. Ungeachtet der enormen Erwartungshaltung seitens der Chefinstanz setzt dich ja auch der eigene Ehrgeiz unter Druck – obwohl sich die Begeisterung anfänglich in Grenzen hielt. Aber mir wurde schnell klar, was für eine wunderbare Aufgabe mich erwartet und dass ich diese Herausforderung nicht einfach mit links bewältigen kann. Ich meine, so engelhaft lässig, ausschließlich vertrauend auf den Erfahrungsschatz hunderter Dienstjahre. Insofern wandelten sich meine Ansichten rapide und ich begann, die Angelegenheit ernst zu nehmen.

Ich ließ mich also nicht gefällig hinunterbeamen, mit der Einstellung: So, jetzt leg los, und wenn es Probleme gibt, schlag im Handbuch nach oder betätige den Notruf. Von wegen. Um meine Botschaft verständlich transportieren zu können, Seelen wie dich zu erreichen, entschied ich mich pflichtbewusst für eine umfangreiche Ausbildung.

Abgesegnet vom himmlischen Gremium klinkte ich mich auf der Zeitlinie ein und inkarnierte, genauer gesagt, in den 50iger Jahren – unschuldig, unbewusst und ohne jegliche Erinnerung. Das war der Witz an meinem Plan. Ich wollte, wie ihr, wie du, ein Leben mit allen Höhen und Tiefen durchlaufen. Na, und das ist mir bestens gelungen. Ich habe (räusper) nichts ausgelassen. Glaub mir.

Ich lebe und bin einer von euch!

Ich musste meine Göttlichkeit ebenso neu, ebenso wieder entdecken, wie du dich jetzt darum bemühst. Das war wichtig – ungeheuer wichtig sogar! Erst dadurch bin ich heute in der Lage, reinen Gewissens behaupten zu können, dass mir nichts Menschliches fremd ist! Nicht, dass ich früher meinen Job oberflächlich ausgeführt hätte oder Engel sich nicht genügend einfühlen könnten.

Ich trage keinen Heiligenschein!

Schwachsinn, natürlich können wir das! Aber ein Leben selbst durchlebt zu haben, ein Mensch zu sein, bringt einfach einen ganz anderen Erfahrungsschatz. Eure Beweggründe waren die meinen. Ich habe jede Angst, jede Sehnsucht und jede Hoffnung durchgestanden. Ich weiß, was es heißt, hungrig zu sein, ungeliebt, verstoßen und mit geringem Selbstwert durch die Welt zu gehen und Gott zu verleugnen – aus reinster Verzweiflung ...

Ich lebe und ich bin einer von euch: dein Freund, dein Nachbar, dein Arbeitskollege. Ich spiele mit dir in einer Band, ich habe Nasenbluten, hatte die Masern, besitze ein überzogenes Bankkonto und bin glücklich verheiratet.

Und ich leide immer noch unter den Nachwehen meiner Ausbildung.

Mein Erwachen hat länger gedauert als geplant.

Na ja, »leiden«? Wie man es nimmt. Ich will damit sagen: Ich trage keinen Heiligenschein. Das ist auch nicht notwendig, sondern eher langweilig. Ich bin nur allzu menschlich. Deshalb hat mein Erwachen auch länger gedauert als geplant. Die Mission hätte schon früher beginnen sollen, schon vor einigen Jahren, aber ich war einfach noch nicht soweit. Es hat noch eine umfassende Krise gebraucht, um gewisse Kanäle nach oben wieder zu öffnen. Du weißt schon, Liebeskummer, Job weg, Urvertrauen weg, alles weg und Mission plötzlich da! Das volle Programm!

Die Möglichkeit, dass ich versage, war durchaus gegeben. Doch das hätte, von oben gesehen, auch kein Erdbeben ausgelöst. Ich bin sicher, meine Partner hätten sich zu helfen gewusst.

Wahrscheinlich wäre ich mit einem perfekten Herzinfarkt abgetreten, und dann ab, zurück auf die Zeitlinie, zurück in die 50iger und der ganze Spaß beginnt von vorne!

Udilelli
(Ausruf meiner Lebensfreude)!

Wenn ich heute verdutzt belächelt oder manchmal misstrauisch gefragt werde, wie ich behaupten kann, ein Schutzengel zu sein, erkläre ich aus der Heiterkeit meiner Lebensfreude heraus und in völliger Klarheit mit meinem Sein, was ich bereits als Schlusswort im Kapitel »Abschied« erklärt habe:

Lebe!

Wir sind nicht Menschen,
mit dem Auftrag
spirituelle Wesen zu werden,
denn wir sind spirituelle, göttliche Wesen
und hier, um menschliche Erfahrungen
zu machen!

Und wenn mir bewusst ist, dass ich eigentlich ein göttliches Wesen bin, dann bedeutet das, dass ich auch alle göttlichen Aspekte in mir trage. Also auch den Aspekt eines Schutzengels! Insofern brauche ich mich also nur ernsthaft dafür zu entscheiden, diesen Aspekt zu leben. Und genau darum bemühe ich mich!

Das steht jetzt ein bisschen im Widerspruch zu meiner Geschichte. Denn ich habe diesen Aspekt nicht gewählt, ich bin als solcher gekommen. Doch wenn ich meine Bestimmung so simpel, so einfach erläutere, erleuchtet sie sehr oft auch die Bestimmung der Menschen, die mir begegnen. Und ihre und deine Bestimmung ist, auf den Punkt gebracht, wunderbar einfach:

Deine Bestimmung ist, auf den Punkt gebracht, wunderbar einfach!

L E B E !!!

Schutzengel G.m.u.H.

GLAUBE
macht
uns
HEIL

www.schutzengelgmuh.com

Du kannst dich jederzeit frei entscheiden, wer und was du sein willst!

Um dir dabei zu helfen und dir Mut zu machen, bin ich hier! Deshalb habe ich dieses Buch geschrieben und deshalb habe ich die **Schutzengel G.m.u.H.** gegründet – um dir eine Heimat zu bieten. Mit Vorträgen, Spiel-Kursen, Diskussionsabenden, mit Musik, Freunden und Partnern, die dieses Projekt unterstützen. Aber auch, um von DIR zu lernen und Erfahrungen auszutauschen!

Inzwischen steht hinter der G.m.u.H ein engagiertes Team, das meine Mission begleitet. Ein Team mit offener Herzensenergie!

Wann immer du Lust hast, vorbei zu surfen, zu schauen, was es Neues gibt, bist du herzlich willkommen.

Wir freuen uns auf deinen Besuch!

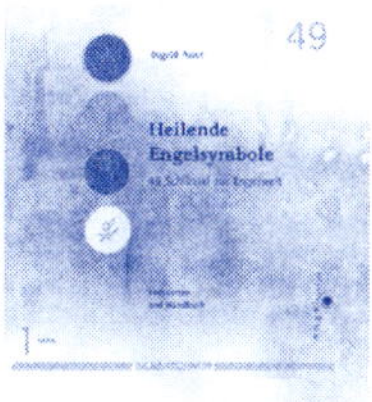

156 Seiten, gebunden,
plus 49 vierfarbige
Symbolkarten in Box
€ [D] 29,00 / sFr 50,70
ISBN 3-89845-007-4

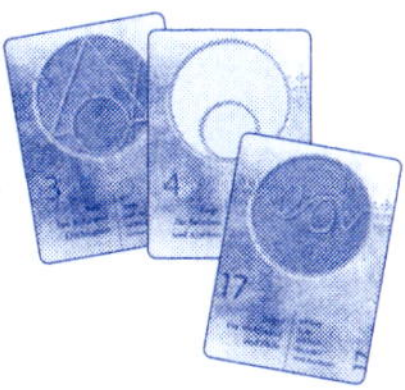

Ingrid Auer

Heilende Engelsymbole

49 Schlüssel zur Engelwelt

Einfühlsam und leicht verständlich ermöglichen die Engelkarten und das sehr ansprechend gestaltete Begleitbuch einen natürlichen, unbefangenen Zugang zur Engelwelt. Alle, die Rat und Trost brauchen oder körperliche Beschwerden haben, können sich mit diesem Set die bezaubernde Engelwelt erschließen und deren Unterstützung nutzen. Die Engelsymbole verhelfen dazu, Blockaden im seelischen und körperlichen Bereich zu lösen und die Chakren sowie Wasser, Nahrungsmittel und vieles mehr zu energetisieren. Mit Hilfe der kraftvollen Symbolkarten lassen sich Fragen zu Themen wie Selbsterkenntnis, Lebensweg, Lernaufgabe, Vergangenheit – Gegenwart – Zukunft etc. beantworten. Sie dienen darüber hinaus als Tageskarten, als helfender Schutzkreis sowie zur Fernheilung und Meditation.

212 Seiten, broschiert
€ [D] 14,90 / sFr 26,80
ISBN 3-89845-044-9

Auer Ingrid

Heilende Engelessenzen und Engelöle

Dieses Buch ist als Hilfestellung für den Anwender von Engelessenzen und -ölen unverzichtbar. Durch seine Übersichtlichkeit und seine klare Gliederung gewährleistet es eine effiziente Handhabung für Laien wie für Therapeuten. Die Engelessenzen und Engelöle werden von der Autorin in Kooperation mit der Engelwelt hergestellt und sind als neue Energien erst seit kurzem auf unserem Planeten verfügbar. Sie wirken in den allerhöchsten, feinstofflichen Ebenen und gelten damit als eine "Medizin des Neuen Jahrtausends".

21 runde Engelkarten
mit Buch, 192 S., bros.,
in farbiger Stülpschachtel
€ [D] 29,00 / sFr 50,70
ISBN 3-89845-065-1

Ingrid Auer

Engelsymbole für Kinder

Liebevolle Begleitung im Alltag

Integrieren Sie die Engel in den Alltag Ihrer Familie! Dieses Set aus 21 neuen Engelsymbolen, kindgerecht auf runde Karten gedruckt, und einem Buch hilft, die Sensitivität der Kinder zu fördern und unterstützt sie in ihrer Entwicklung. Es hilft aber auch Erwachsenen, ihr Herz den Engeln zu öffnen. Finden Sie als Erwachsener zurück zu dem natürlichen Zugang zur Engelwelt, den Kinder noch haben.

Mit diesem Set unterstützen Sie die spirituelle Weiterentwicklung Ihrer Kinder, denn Kinder lieben Engel – und Engel lieben Kinder.

„Engelsymbole für Kinder" ist gleich doppelt verwendbar: Als gemeinsames „Spiel" für Erwachsene und Kinder und als „spirituelles Aufklärungsbuch" für Erwachsene.

50 Karten mit Handbuch
€ [D] 19,90 / sFr 34,90
ISBN 3-89845-084-8

Marta Cabeza

Tag für Tag mit den Engeln

„Tag für Tag mit den Engeln" ist ein Spiel der Verwandlung, das uns hilft, unsere Alltagswirklichkeit bewusst zu erleben, indem es uns mit unserem „inneren Engel" verbindet. So bekommen wir die große Chance, Vergangenheit und Zukunft zu verändern, zugunsten einer bewusst gelebten Gegenwart, voller Liebe und stets geleitet durch unsere Intuition.

Können die Engel Ihr Leben verändern?

Versuchen Sie es. Nur Sie allein können es herausfinden ...

192 Seiten, gebunden
€ [D] 14,90 / sFr 26,80
ISBN 3-89845-083-X

Peter Kummer

Die Schutzengel AG

Partner ohne Risiko

Im Frühjahr 2001 erlebt Erfolgsautor Peter Kummer während einer Behandlung bei einem Heiler seinen ersten bewussten Kontakt mit einem Engel. Er lernt von ihm, sich führen zu lassen und mit ihm zu kommunizieren. Knapp drei Jahre später wird er mit einer medial begabten Frau zusammengeführt, die ihn mit seinem persönlichen Schutzengel namens Zacharias bekannt macht und ein Gespräch ermöglicht. In dem Dialog geht es um Fragen wie:
Wie sehen Engel aus? Hat jeder Mensch einen Engel? Was passiert mit uns nach dem Tode? Warum gibt es Aids, Krebs oder Kriege? u.v.a.m.

36 Karten (8 x 12 cm),
Begleitbüchlein
zweifarbig, 80 Seiten
€ [D] 21,90 / sFr 40,50
ISBN 3-89845-062-7

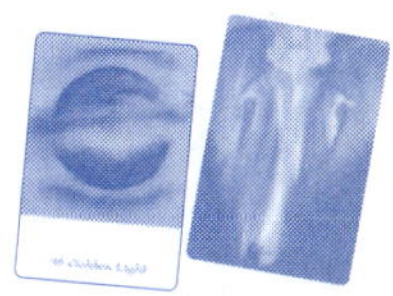

Ursina Würmli

Engelwelten – Das Set

Das neue Kartenset von Ursina Würmli: 36 Karten in bekannt liebevoller Art gestaltet und mit einem Begleitbüchlein versehen, das zusätzlich inspiriert und zum Meditieren einlädt.
Der Leser bzw. Betrachter wird verzaubert von Ursina Würmlis zarten Engelwesen und kann sich jeden Tag aufs Neue inspirieren lassen. Mit Hilfe dieses Sets kann er den Boten Gottes helfen, auch in hektischen Zeiten zu seiner Seele durchzudringen.

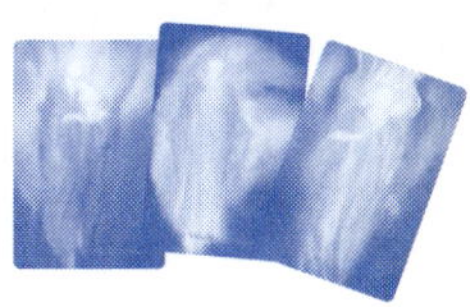

128 Seiten, broschiert
€ [D] 5,95 / sFr 11,10
ISBN 3-89845-049-X

Elizabeth Clare Prophet

Mit Engeln arbeiten

Dieses Buch bringt einem bei, wie man mit Engeln Freundschaft schließt, sodass diese bereit sind, ihre Hilfe uns zukommen zu lassen. Denn wir haben sie um ihre Hilfe zu bitten. Erst dann dürfen sie uns helfend zur Seite stehen. Hier werden die praktischen Schritte in einem Zehn-Punkte-Programm aufgezeigt, wie man sich mit ihnen in Verbindung setzt, sich weiterhin ihrer Hilfe vergewissert und in Zusammenarbeit mit ihnen viel Gutes für sich und andere bewirkt.
Dieses Büchlein ist nicht nur ein Ratgeber, sondern vor allem eine praktische Anleitung, seinem Leben mit Hilfe der Engel eine höhere Qualität zu geben.

256 Seiten, broschiert
€ [D] 8,95 / sFr 16,50
ISBN 3-89845-050-3

Elizabeth Clare Prophet &
Patricia R. Spandaro

Alchemie des Herzens

Wer mehr liebt, wird mehr geliebt

In einem Fünf-Punkte-Programm wird das Herz des Lesers allmählich in eine höhere Frequenz seiner Liebesfähigkeit geführt. Es wird gezeigt, wie er sein Herz für höhere Schwingungen öffnen kann, wie er es stärkt und heilt und wie er es weiterhin vor niedrigen Schwingungen schützt, bis er schließlich ganz in sein Herz eindringt und sich so mit der göttlichen Liebe vereint. Meditationen und Affirmationen unterstützen den Leser dabei, in den Tempel seines Herzens einzudringen und sich mit seinem höheren Selbst zu verbinden, um sich alle Fragen, die ihn bewegen, beantworten zu lassen. Dieses Buch ist im wahrsten Sinne ein Herzensjuwel, auf dem Weg zu einer höheren Liebe.

272 Seiten, broschiert
€ [D] 8,95 / sFr 16,50
ISBN 3-89845-107-0

Elisabeth Clare Prophet / Patricia R. Spadaro

Chakren– Deine 7 Energiezentren

Dieses Buch vermittelt – basierend auf der Lehre vom feinstofflichen Energiesystem unseres Körpers – kraftvolle Einsichten und Werkzeuge, um wieder heil und ganz zu werden. Quelle dieses Wissens sind verschiedenste spirituelle Traditionen, die uns anleiten, wie wir unsere Seele über die sieben Schritte des persönlichen Wachstums voranbringen können. Dieses Werk beinhaltet darüber hinaus ganzheitliche Techniken zur Wiederherstellung der energetischen Balance unseres Körpers – angefangen bei Homöopathie über Vitamine und Heilbäder bis hin zur Arbeit mit Meditationen, Affirmationen und Visualisierungen.

384 Seiten, broschiert,
€ [D] 19,90 / sFr 34,90
ISBN 3-89845-086-4

Wolfgang Grußmann

unverschämt glücklich ...

Briefe an die geliebte Seele

Der Autor verstrickt den Leser in eine Liebesgeschichte in 49 Briefen, die den Rahmen all dessen sprengt, was man bisher an spiritueller Lebenshilfe kannte. Die große Liebe seines Lebens wendet sich von ihm ab – und frisch, humorvoll und voller Lebensbejahung reißt uns der Autor mit in seine Herzöffnungsstrategie, bei der er die Mauern des Verstandes und alle Ängste, mit denen sich die Seele vor Verzweiflung schützen will, niederreißt. Nach der Lektüre dieses Buches gibt es keinen Grund mehr zu falscher Scham und unbewussten Schuldgefühlen ... das ureigenste, wahre Wesen kommt zum Vorschein – und das ist, einfach „un-verschämt" und „glücklich" zu sein.